SAMMLUNG TUSCULUM

MARCUS TULLIUS CICERO

TIMAEUS
DE UNIVERSITATE

TIMAEUS
ÜBER DAS WELTALL

Lateinisch-deutsch

Herausgegeben und übersetzt
von Karl und Gertrud Bayer

ARTEMIS & WINKLER

Bibliographische Information der Deutschen Bibliothek

Die Deutsche Bibliothek verzeichnet diese Publikation
in der Deutschen Nationalbibliographie;
detaillierte bibliographische Daten sind im Internet unter
http://dnb.ddb.de abrufbar.

Druck und Verarbeitung: Friedrich Pustet, Regensburg
ISBN 3-7608-1746-7
www.patmos.de

INHALT

TIMAEUS

ANHANG

TIMAEUS

Multa sunt a nobis et in Academicis conscripta contra I
physicos et saepe cum P. Nigidio Carneadeo more et 1
modo disputata. Fuit enim vir ille cum ceteris artibus, quae quidem dignae libero essent, ornatus omnibus, tum acer investigator et diligens earum rerum, quae a natura involutae videntur; denique sic iudico, post illos nobiles Pythagoreos, quorum disciplina exstincta est quodam modo, cum aliquot saecla in Italia Siciliaque viguisset, hunc exstitisse, qui illam renovaret.

Qui cum me in Ciliciam proficiscentem Ephesi ex- 2
spectavisset Romam ex legatione ipse decedens, venissetque eodem Mytilenis mei salutandi et visendi causa Cratippus, Peripateticorum omnium, quos quidem ego audierim, meo iudicio facile princeps, perlibenter et Nigidium vidi et cognovi Cratippum. Ac primum quidem tempus salutationis in percontatione consumpsimus …

ANLASS DES GESPRÄCHS

I 1 In meinen *Libri Academici* habe ich viel gegen die Naturphilosophen geschrieben, habe auch oft mit P. Nigidius nach der Methode des Karneades diskutiert. Der war nämlich in allen Wissenschaftsgebieten, soweit sie einem freien Mann angemessen sind, beschlagen, besonders aber war er ein eifriger und sorgfältiger Erforscher der Dinge, die von der Natur verhüllt zu sein scheinen; überhaupt komme ich zu dem Urteil, dass er nach jenen berühmten Pythagoreern, deren Schule nach einigen Jahrhunderten der Blüte in Italien und Sizilien so gut wie ausgetilgt wurde, als ihr Erneuerer auftrat.

2 Als dieser Nigidius mich auf meiner Reise nach Kilikien in Ephesos erwartete – er selbst war nach Erledigung einer Gesandtschaftsreise auf der Rückreise nach Rom –, traf, um mir seine Aufwartung zu machen, ebendort aus Mytilene Kratippos ein, von allen Peripatetikern, soweit ich sie gehört habe, meiner Meinung nach der wohl bedeutendste. Es machte mir großes Vergnügen, Nigidius zu begegnen und auch Kratippos kennenzulernen. Und zunächst benützten wir die Zeit der Begrüßungskonversation zu Erkundigungen …

... Quid est, quod semper sit neque ullum habeat or- II
tum, et quod gignatur nec umquam sit? 3

- Quorum alterum intellegentia et ratione comprehenditur, quod unum atque idem semper est;
- alterum, quod adfert opinio et sensus rationis expers, quod totum opinabile est, id gignitur et interit nec umquam esse vere potest.

Omne autem, quod gignitur, ex aliqua causa gigni necesse est; nullius enim rei causa remota reperiri origo potest.

Quocirca si is, qui aliquod munus efficere molitur, 4
eam speciem, quae semper eadem est, intuebitur atque id sibi proponet exemplar, praeclarum opus efficiat necesse est; sin autem eam, quae gignitur, numquam illam, quam expetet, pulchritudinem consequetur. Omne igitur caelum sive mundus sive quo alio vocabulo gaudet, hoc a nobis nuncupatus sit.

De quo id primum consideremus, quod principio est 5
in omni quaestione considerandum,
- semperne fuerit nullo generatus ortu,
- an ortus sit ab aliquo temporis principatu.

Ortus est, quandoquidem cernitur et tangitur et est undique corporatus; omnia autem talia sensum mo-

BEGRIFFSERKLÄRUNGEN

II 3 ⟨Man muss meiner Meinung nach vorab folgende Frage klären:⟩ Was ist das, was immer ›ist‹ und keinen Ursprung hat, und das, was entsteht und niemals ›ist‹?

- Das eine davon erfasst man mit Hilfe logischen Denkens, es ›ist eins und immer das Selbe‹
- das andere, das Einbildung und vernunftlose Sinneswahrnehmung uns nahebringen und somit insgesamt auf bloßer Vorstellung beruht, entsteht, geht zugrunde und kann niemals wirklich ›seiend‹ sein.

Nun muss aber alles, was entsteht, notwendigerweise aufgrund irgendeiner Ursache entstehen; man kann nämlich von nichts den Ursprung finden, wenn man eine Ursache ausschließt.

4 Wenn also derjenige, der es unternimmt, ein Werk zu schaffen, das Urbild, das immer ›dasselbe ist‹, im Auge behält und es sich als Muster vorlegt, wird er mit Nowendigkeit ein herrliches Werk vollenden; nimmt er aber das zum Vorbild, was ›wird‹, so wird er niemals die angestrebte Vollkommenheit erreichen. Der ganze Weltenbau oder das All oder welche Bezeichnung ihm sonst recht ist, sei von uns so, d. h. »All«, benannt.

5 Bezüglich dieses Alls wollen wir zuerst das überlegen, was bei jeder Untersuchung am Anfang zu überlegen ist, nämlich ob dieses All immer war, durch keinen Ursprung geschaffen, oder ob es an irgendeinem Zeitpunkt entstanden ist. Es ist entstanden, da man es ja sehen und berühren kann und da es von allen Seiten körperhaft ist; alles von sol-

vent, sensusque moventia quae sunt, eadem in opinatione considunt: quae ortum habere gignique diximus, nihil autem gigni posse sine causis.

Atque illum quidem quasi parentem huius universitatis invenire difficile et, cum iam inveneris, indicare in vulgus nefas. 6

Rursus igitur videndum, ille fabricator huius tanti operis utrum sit imitatus exemplar,
– idne, quod semper unum idem et sui simile,

– an id, quod generatum ortumque dicimus.
Atqui si pulcher est hic mundus et si probus eius artifex, profecto speciem aeternitatis imitari maluit; sin secus, quod ne dictu quidem fas est, generatum exemplum est pro aeterno secutus.

Non igitur dubium, quin aeternitatem maluerit exsequi, quandoquidem neque mundo quicquam pulchrius neque eius aedificatore praestantius. 7

Sic ergo generatus ad id est effectus, quod ratione sapientiaque comprehenditur atque aeternitate inmutabili continetur. Ex quo efficitur, ut sit necesse hunc, quem cernimus, mundum simulacrum esse alicuius aeterni.

Difficillimum autem est in omni conquisitione rationis exordium; de iis igitur, quae diximus, haec sit prima distinctio.

cher Art erregt einen Sinneseindruck; und was die Sinne bewegt, fällt in den Bereich der Vorstellung. Derlei hat, wie wir festgestellt haben, einen Ursprung und entsteht; denn es kann, wie wir sagten, nichts ohne Ursachen entstehen.

6 Und jenen – wenn ich so sagen darf – ›Schöpfer‹ dieses Universums zu finden ist schwierig, und wenn man ihn ja gefunden hat, ist es ein Frevel, die Kunde davon in die Öffentlichkeit zu tragen.

Weiterhin muss man also bedenken, welchem Urbild jener Urheber dieses großen Werkes gefolgt ist,

- dem, was ›immer eins und das Selbe und nur sich selbst ähnlich‹ ist, oder
- dem, was wir als ›geschaffen und entstanden‹ bezeichnen.

Wenn nun dieses All vollkommen ist und sein Baumeister tüchtig, wollte er sicherlich lieber dem ewigen Urbild folgen; wenn anders, was man ohne Frevel nicht einmal aussprechen darf, wäre er einem entstandenen Modell gefolgt statt dem ewigen.

7 Es besteht also kein Zweifel daran, dass er sich lieber am Ewigen orientieren wollte, zumal es weder etwas Vollkommeneres gibt als das All noch etwas Hervorragenderes als seinen Schöpfer.

So also entstanden, ist das All zu dem geschaffen, was von vernünftigem Denken und Erkenntnis erfasst und in unveränderlicher Ewigkeit erhalten bleibt. Daraus ergibt sich, dass dieses All, das wir sehen, notwendigerweise ein ewiges Abbild von etwas Ewigem ist.

Das Schwierigste bei jeder Untersuchung ist nun einmal der Ausgangspunkt der Überlegung. Bezüglich dessen, was wir gesagt haben, sei dies die erste begriffliche Festlegung.

Omni orationi cum iis rebus, de quibus explicat, vide- III
tur esse cognatio. 8

- Itaque cum de re stabili et inmutabili disputat oratio, talis sit, qualis illa, quae neque redargui neque convinci potest;

- cum autem ingressa est imitata et efficta simulacra, bene agi putate, si similitudinem veri consequatur: quantum enim ad id, quod ortum est, aeternitas valet, tantum ad fidem veritas.

Quocirca si forte de deorum natura ortuque mundi disserentes minus id, quod avemus animo, consequemur, ut tota dilucide et plane exornata oratio sibi constet et ex omni parte secum ipsa consentiat, haut sane erit mirum, contentique esse debebitis, si probabilia dicentur: aequum est enim meminisse et me, qui disseram, hominem esse et vos, qui iudicetis, ut, si probabilia dicentur, ne quid ultra requiratis.

WAHRSCHEINLICHKEIT ALS ZIEL DER ERÖRTERUNG

III 8 Offensichtlich muss jede Erörterung ihrem Gegenstand entsprechen.

- Wenn von einer stabilen und unveränderlichen Sache die Rede ist, soll diese Erörterung daher so sein wie ihr Gegenstand, der weder als nichtig erwiesen noch widerlegt werden kann;
- wenn sie sich aber auf die Behandlung von nachgeahmten und geschaffenen Gebilden eingelassen hat, tut ihr vermutlich gut daran, wenn sie bloße Wahrscheinlichkeit anstrebt: Wie nämlich die Ewigkeit zum Entstandenen, so verhält sich die Wahrheit zur Wahrscheinlichkeit.

Wenn wir also gerade vom Wesen der Götter und vom Ursprung des Alls handeln und das, was wir herzlich gern wollen, nicht so ganz erreichen, dass nämlich die ganze Abhandlung durchsichtig und klar aufgebaut, in sich konsistent ist und in jedem Teil mit sich selbst übereinstimmt, wird das gewiss nicht verwunderlich sein, und ihr werdet euch damit zufrieden geben müssen, wenn Wahrscheinliches formuliert wird; es ist nämlich billig, sich daran zu erinnern, dass ich, der ich hier spreche, nur ein Mensch bin, und dass Gleiches auch für euch gilt, die ihr darüber ein Urteil abgeben sollt; also sollt ihr, wenn Wahrscheinliches ausgeführt wird, nichts darüber hinaus verlangen!

Quaeramus igitur causam, quae impulerit eum, qui 9
haec machinatus sit, ut originem rerum et molitionem novam quaereret.

Probitate videlicet praestabat, probus autem invidet nemini; itaque omnia sui similia generavit. Haec nimirum gignendi mundi causa iustissima. Nam cum constituisset deus bonis omnibus explere mundum, mali nihil admiscere, quoad natura pateretur, quicquid erat, quod in cernendi sensum caderet, id sibi adsumpsit, non tranquillum et quietum, sed inmoderate agitatum et fluitans, idque ex inordinato in ordinem adduxit; hoc enim iudicabat esse praestantius.

MOTIVE DES SCHÖPFERGOTTES

9 Lasst uns also nach dem Grund fragen, der den Schöpfergott, der dieses ⟨All⟩ erschuf, bewogen hat, die Erschaffung der Welt und den Beginn eines unerhörten Getriebes zu bewerkstelligen!
In seiner Vollkommenheit überragte er natürlich alles. Ein vollkommenes Wesen blickt auf kein anderes neidvoll; daher hat es alles so gestaltet, dass es ihm gleiche. Dies war offensichtlich der triftigste Grund, das All zu erschaffen. Denn als der Schöpfergott beschlossen hatte, das All mit allem Guten zu erfüllen und, soweit die Natur das zuließ, nichts Schlechtes beizumischen, nahm er alles, was da sichtbar war, für sich in Anspruch – das war alles nicht ruhig und bewegungslos, sondern in regelloser Bewegung und im Fluss – und führte es aus dem ungeordneten Zustand in den der Ordnung über; denn diesen Zustand hielt er für besser ⟨als jenen⟩.

Fas enim nec est nec umquam fuit quicquam nisi pul- 10
cherrimum facere ei, qui esset optumus. Cum rationem igitur habuisset, reperiebat nihil esse eorum, quae natura cernerentur, inintellegens intellegente in toto genere praestantius.

Quocirca intellegentiam in animo, animum inclusit in corpore: sic ratus est opus illud effectum esse pulcherrimum. Quam ob causam non est cunctandum profiteri (si modo investigari aliquid coniectura potest) hunc mundum animal esse idque intellegens et divina providentia constitutum.

Hoc posito, quod sequitur, videndum est, cuiusnam IV
animantium deus in fingendo mundo similitudinem 11
secutus sit. Nullius profecto id quidem, quae sunt nobis nota animantia: sunt enim omnia in quaedam genera partita aut inchoata, nulla ex parte perfecta:

- Imperfecto autem nec absoluto simile pulchrum esse nihil potest.
- Cuius ergo omne animal quasi particula quaedam est, sive in singulis sive in universo genere cernatur, eius similem mundum esse dicamus.

DAS ALL, EIN INTELLIGENTES LEBEWESEN

10 Es darf nämlich weder jetzt noch durfte jemals das Wesen, das das beste ist, etwas anderes als das Schönste vollbringen. Da es also planvoll vorgehen wollte, befand es, dass nichts von dem, was von Natur aus sichtbar ist, wenn es vernunftlos ist, in seiner ganzen Art vorzüglicher sein kann als etwas Vernunftbegabtes.

Daher schloss es die Vernunft in die Seele, die Seele aber in den Körper ein: So war seiner Überzeugung nach jenes Werk als das schönste geschaffen. Aus diesem Grund muss man (sofern denn irgend etwas durch Mutmaßung erforscht werden kann), ohne Zögern bekennen, dass dieses All ein Lebewesen ist, und dass es vernunftbegabt und durch göttliche Vorsehung begründet ist.

IV 11 Nimmt man nun das als gegeben an, so gilt es zu überlegen, was daraus folgt, nämlich mit welchem der lebenden Wesen der Schöpfergott, als er das All schuf, Ähnlichkeit angestrebt hat. Sicherlich mit keinem, jedenfalls soweit uns die Lebewesen bekannt sind: Sie sind nämlich alle in gewisse Arten gegliedert oder erst angelegt, jedenfalls in keiner Weise vollendet:

- Was aber etwas Unvollendetem und nicht Abgeschlossenem ähnlich ist, kann in keiner Weise schön sein.
- Dem aber, von dem jedes Lebewesen gleichsam nur ein Teilchen ist, ob es nun im einzelnen oder in seiner ganzen Art wahrgenommen wird, dem – das dürfen wir wohl sagen – ist das All ähnlich.

Omnes igitur, qui animo cernuntur et ratione intelleguntur, animantes complexu rationis et intellegentiae, sicut homines hoc mundo et pecudes et omnia, quae sub aspectum cadunt, comprehenduntur.

Alle lebenden Wesen also, die allein vom Geist erkannt und vom Verstand begriffen werden, werden durch die Umschließung mit Vernunft und Denken ebenso erfasst wie durch diese die Menschen in dieser Welt und die Tiere und alles, was sichtbar ist.

Quod enim pulcherrimum in rerum natura intellegi 12
potest et quod omni parte absolutissimum est, cum deus similem mundum efficere vellet, animal unum aspectabile, in quo omnia animalia continerentur, effecit. Rectene igitur unum mundum diximus, an fuit plures aut innumerabiles dictu melius et verius? Unus profecto, siquidem factus est ad exemplum. Quod enim omnis animantis eos, qui ratione intelleguntur, complectitur, id non potest esse cum altero: rursus enim alius animans, qui eum contineat, sit necesse est, cuius partes sint animantes superiores, caelumque hoc simulacrum illius ultimi sit, non proximi. Quorum ne quid accideret atque ut hic mundus esset animanti absoluto simillimus, hoc ipso, quod solus atque unus esset, idcirco singularem deus mundum atque unigenam procreavit.

EIN ALL

12 Was nämlich als das Schönste in der Welt gedacht werden kann und was in jeder Hinsicht am vollkommensten ist, das hat der Schöpfergott, da er das All diesem ähnlich gestalten wollte, als ein sichtbares Lebewesen geschaffen, in dem alle Lebewesen enthalten sein sollten. Haben wir also mit Recht von einem All gesprochen oder wäre es besser und richtiger gewesen, von mehreren oder von unzähligen zu sprechen? Eines ist es in der Tat, sofern es nach einem Urbild geschaffen ist. Was nämlich alle lebenden Wesen, die man sich vorstellen kann, in sich schließt, das kann nicht neben einem zweiten existieren: dann wäre es nämlich notwendig, dass ein weiteres Lebewesen, das dieses in sich fasst, existiert, dessen Teile die oben genannten Lebewesen wären, und dass dieses All dann das Abbild jenes letzten, nicht eines vorletzten ⟨Wesens⟩ ist. Damit nichts dergleichen eintrete und damit dieses All dem vollkommenen Wesen völlig ähnlich sei, gerade deshalb hat der Schöpfergeist, weil er allein und einzig ist, dieses All als einziges geschaffen und kein anderes daneben.

Corporeum autem et aspectabile idemque tractabile 13
omne necesse est esse, quod natum est. Nihil porro igni vacuum aspici ac videri potest, nec vero tangi, quod careat solido, solidum autem nihil, quod terrae sit expers. Quam ob rem mundum efficere moliens deus terram primum ignemque iungebat.

Omnia autem duo ad cohaerendum tertium aliquid anquirunt et quasi nodum vinculumque desiderant. Sed vinculorum id est aptissimum atque pulcherrimum, quod ex se atque de iis, quae stringit, quam maxime unum efficit. Id optime adsequitur, quae Graece ἀναλογία, Latine (audendum est enim, quoniam haec primum a nobis novantur) comparatio proportiove dici potest.

Quando enim trium vel numerorum vel figurarum vel V
quorumcumque generum contingit, 14
ut,

- quod medium sit,
  ut ei primum proportione, ita id postremo comparetur, vicissimque,
- ut extremum cum medio, sic medium cum primo conferatur,

id,

HARMONISIERUNG DER VIER ELEMENTE

13 Körperhaft aber, sichtbar und zugleich anfassbar, muss notwendigerweise alles sein, was geschaffen worden ist. Nun kann aber nichts erblickt und gesehen werden, was ohne Feuer ist, und natürlich auch nicht berührt werden, was ohne Festes ist; fest aber ist nichts ohne Erde. Aus diesem Grunde verband der Schöpfergott, als er daranging, das All zu schaffen, zuerst Erde und Feuer.

Jede Zweiheit verlangt aber zum Herstellen einer Verbindung nach etwas ›Drittem‹ und bedarf einer Art Knoten und Fessel, um sich zu verbinden. Von allen Fesseln ist aber die am geeignetsten und schönsten, die aus sich selbst und dem, was sie verbindet, möglichst ›Eines‹ herstellt. Dies erzielt am besten das, was auf Griechisch ἀναλογία (Analogie), Lateinisch (nun ist Kühnheit vonnöten, da dieser Ausdruck von mir neu geschaffen wird) *comparatio* (›Verbindung des Gleichen mit Gleichem‹) oder *proportio* (›ausgewogenes Verhältnis‹) genannt werden kann.

V 14 Wenn nämlich von drei Zahlen, Formen oder Gestaltungen beliebiger Art gilt,
dass
- mit dem, was ›das Mittlere‹ ist,
  wie mit ihm ›das Erste‹ durch Analogie,
  ebenso jenes mit ›dem Letzten‹ verbunden wird,
- und umgekehrt, wie ›das Letzte‹ mit ›dem Mittleren‹,
  ebenso ›das Mittlere‹ mit ›dem Ersten‹ vereint wird,

so wird das,

– quod medium est,
tum primum fit, tum postremum,
– postrema autem et prima media fiunt:

Ita necessitas cogit, ut eadem sint ea, quae diiuncta fuerint; eadem autem cum facta sint, efficitur, ut omnia sint unum.

- was ›das Mittlere‹ ist, bald ›zum Ersten‹, bald ›zum Letzten‹;
- ›das Letzte‹ aber und ›das Erste‹ werden zu ›Mittleren‹:

So erzwingt die Notwendigkeit, dass die Dinge, die vorher getrennt waren, nun ›Dasselbe‹ sind; wenn sie aber zum ›Selben‹ geworden sind, ergibt sich, dass alle ›Eins‹ sind.

Quodsi universi corpus planum et aequabile explicaretur, nihil in eo quicquam crassitudinis esset requisitum: unum enim interiectum medium et se ipsum et ea, quibus esset interpositum, conligaret.

Sed cum soliditas mundo quaereretur, solida autem 15
omnia uno medio numquam, duobus semper copulentur, ita contigit, ut inter ignem atque terram aquam deus animamque poneret eaque inter se compararet et proportione coniungeret, ut,

- quemadmodum ignis animae, sic anima aquae,
- quodque anima aquae, id aqua terrae proportione redderet.

Qua ex coniunctione caelum ita aptum est, ut sub aspectum et tactum cadat.

Itaque et ob eam causam et ex iis rebus numero quattuor mundi est corpus effectum, ea constrictum comparatione, qua dixi: ex quo ipse se concordi quadam amicitia et caritate complectitur atque ita apte cohaeret, ut dissolvi nullo modo queat nisi ab eodem, a quo est conligatus.

Earum autem quattuor rerum, quas supra dixi, sic in 16
omni mundo partes omnes conlocatae sunt, ut nulla pars huiusce generis excederet extra atque ut in hoc

ERSCHAFFUNG DES WELTKÖRPERS

Wenn nun der Weltkörper sich nur zweidimensional und gleichmäßig darstellte und an ihm keine dritte Dimension erforderlich wäre, würde e i n eingeschobenes ›Mittleres‹ sowohl sich selbst mit den Dingen, zwischen die es sich einfügt, als auch diese miteinander verbinden.

15 Da für das All jedoch Körperhaftigkeit verlangt wird, alles Körperhafte aber niemals durch e i n ›Mittleres‹, sondern immer durch z w e i verbunden wird, so ergab sich, dass der Schöpfergott zwischen das Feuer und die Erde das Wasser und die Luft treten ließ, diese miteinander verband und proportional vereinigte, so dass

- so, wie das Feuer der Luft, die Luft dem Wasser, und
- so, wie die Luft dem Wasser, das Wasser der Erde proportional entspricht.

Aus dieser Verbindung ist das All so gefügt, dass es vom Gesichts- und vom Tastsinn erfasst wird.

Und auf diese Weise und aus diesem Grunde ist aus diesen Elementen, vieren an der Zahl, der Weltkörper geschaffen und durch die genannte *comparatio* (Analogie) fest verbunden; deshalb umfasst er sich selbst in einer Art einträchtiger Freundschaft und Liebe und hält derart fest zusammen, dass er auf keine Weise aufgelöst werden kann, außer von eben dem, von dem er verbunden worden ist.

16 Von jenen vier Baustoffen, die ich oben genannt habe, sind im gesamten All die Teile alle so zusammengefügt, dass kein Teil dieser Art sich nach außen davonmacht und

universo inessent genera illa universa; id ob eas causas:

- primum ut mundus animans posset ex perfectis partibus esse perfectus,
- deinde ut unus esset, nulla parte, unde alter gigneretur, relicta,

- postremo ne qui morbus eum posset aut senectus attingere.

Omnis enim coagmentatio corporis vel caloris vel fri- 17
goris vi vel aliqua impulsione vehementi labefactatur et frangitur et ad morbos senectutemque compellitur. Hanc igitur habuit rationem effector mundi molitorque deus, ut unum opus totum atque perfectum ex omnibus totis atque perfectis absolveret, quod omni morbo seniove vacaret.

Formam autem ei maxime cognatam et decoram de- VI
dit. A quo enim animanti omnes reliquos contineri vellet animantes, hunc ea forma figuravit, qua una omnes reliquae formae concluduntur: et globosum est fabricatus, quod σφαιροειδὲς Graeci vocant, cuius omnis extremitas paribus a medio radiis attingitur; idque ita tornavit, ut nihil efficere posset rotundius, nihil asperitatis ut haberet, nihil offensionis, nihil incisum angulis, nihil anfractibus, nihil eminens, nihil lacunosum, omnesque partes essent simillimae omnium, quod eius iudicio praestabat dissimilitudini similitudo.

dass in diesem All jene Arten restlos enthalten sind, und zwar aus folgenden Gründen:

- zuerst damit das All ein aus vollkommenen Bestandteilen ⟨gebildetes,⟩ vollkommenes Lebewesen sein kann,
- sodann damit es einzig sei, da kein Teil, aus dem ein anderes All erzeugt werden könnte, ⟨außerhalb⟩ zurückgeblieben ist,
- schließlich damit keine Krankheit oder Alterung ihm zusetzen kann.

17 Jedes Gefüge wird nämlich durch Einwirkung von Wärme wie Kälte oder durch einen heftigen Stoß gelockert und zerbrochen und zwangsläufig dazu gebracht, dass es krank wird und altert. Daher hatte der Gott als Schöpfer und Beweger des Alls die Absicht, sein Werk als einzig und ganz und vollkommen aus lauter ganzen und vollkommenen ⟨Bestandteilen⟩ zu vollenden, so dass es von jeder Krankheit und Alterung frei bleibe.

VI Er gab ihm aber eine ihm möglichst verwandte und schöne Form. Dem Lebewesen, in dem seinem Willen nach alle anderen Lebewesen enthalten sein sollten, gab er nämlich die Form, in der allein alle übrigen Formen enthalten sind: Er hat es kugelförmig gestaltet, was die Griechen als σφαιϱοειδές bezeichnen: Jeder seiner Außenflächenpunkte wird vom Mittelpunkt aus durch gleich lange Radien erreicht; und dieses Gebilde drechselte der Schöpfergott so, dass er nichts Runderes hätte erschaffen können, dass es keinerlei Unebenheit hatte, keine vorstehende Stelle, keine Einbuchtung durch Winkel oder Krümmung, nichts Herausstehendes, nichts Lückenhaftes, und dass alle Teile untereinander völlig ähnlich waren, weil nach seinem Urteil Ähnlichkeit den Vorzug hatte vor Unähnlichkeit.

Omni autem totam figuram mundi levitate circumde- 18
dit. Nec enim oculis egebat, quia nihil extra, quod
cerni posset, relictum erat, nec auribus, quia ne quod
audiretur quidem, neque erant anima circumfusa ex-
trema mundi, ut respirationem requireret. Nec vero
desiderabat aut alimenta corporis aut detractionem
confecti et consumpti cibi: neque enim ulla decessio
fieri poterat neque accessio, nec vero erat, unde. Ita-
que se ipse consumptione et senio alebat sui, cum ipse
per se et a se et pateretur et faceret omnia. Sic enim ra-
tus est ille, qui ista iunxit et condidit, ipsum se conten-
tum esse mundum neque egere altero.

Itaque ei nec manus adfinxit, quoniam nec capiendum 19
quicquam erat nec repellendum, nec pedes nec aliqua
membra, quibus ingressum corporis sustineret.

Motum enim dedit caelo eum, qui figurae eius esset aptissumus, qui unus ex septem motibus mentem atque intellegentiam cieret maxime; itaque una conversione atque eadem ipse circum se torquetur et vertitur. Sex autem reliquos motus ab eo separavit atque ab omni erratione eum liberavit. Ad hanc igitur conversionem, quae pedibus et gradu non egeret, ingrediendi membra non dedit.

Haec deus is, qui erat, de aliquando futuro deo cogi- 20
tans, levem illum effecit et undique aequabilem et a

18 Nach außen hin gab er dem All eine völlig glatte Oberfläche. Es brauchte nämlich weder Augen, weil nichts außerhalb geblieben war, was gesehen werden könnte, noch Ohren, weil es ja nichts zu hören gab, noch waren die äußersten Grenzen des Alls von Luft umgeben, so dass ein Atmungsorgan erforderlich gewesen wäre. Auch benötigte es weder Nahrungszufuhr für den Körper noch Entsorgung verarbeiteter und verdauter Speise: Es konnte nämlich keinerlei Ausscheidung stattfinden noch irgendeine Zufuhr: Es war ja nichts da, von woher sie erfolgen sollte. Und so ernährte es sich durch Verbrauch und Schwund seiner selbst, da es durch sich und von sich alles selbst erfuhr und vollbrachte. Denn jener Schöpfergott, der das alles zusammenfügte und gründete, war überzeugt, dass so das All mit sich selbst zufrieden sei und keines zweiten Alls bedürfe.

19 Deshalb erschuf er ihm auch keine Hände, da es ja nichts zu fassen oder wegzustoßen gab, auch keine Beine oder irgendwelche anderen Gliedmaßen, mit denen es sich als Körper fortbewegen könnte.

Als Bewegung gab er dem All diejenige, die für seine Gestalt die geeignetste war, nämlich die, die als einzige von den sieben Bewegungsmöglichkeiten den Geist und das Erkenntnisvermögen besonders anregt; daher dreht und wendet das All sich in ein und derselben Kreisbewegung um sich selbst. Die sechs anderen Bewegungsarten aber hielt er von ihm fern und befreite es so von jedem Irrlauf. Zu dieser Rotation also, die ja weder Beine noch Schritte verlangte, brauchte er ihm keine Fortbewegungsgliedmaßen zu geben.

20 Solche Gedanken machte sich der Schöpfergott, der ⟨von Ewigkeit⟩ war, bezüglich des erst demnächst ins Da-

medio ad summum parem et perfectum atque absolutum ex absolutis atque perfectis.

Animum autem ut in eo medio conlocavit, ita per totum tetendit; deinde eum circumdedit corpore et vestivit extrinsecus caeloque solivago et volubili et in orbem incitato complexus est, quod secum ipsum propter virtutem facile esse posset nec desideraret alterum, satis sibi ipsum notum et familiare.

Sic deus ille aeternus hunc perfecte beatum deum pro- 21
creavit.

sein tretenden Gottes; und so schuf er jenes All glatt, nach allen Seiten hin gleich ausgedehnt, mit gleichem Radius vom Mittelpunkt zur Oberfläche und vollendet und vollkommen aus Vollkommenem und Vollendetem.

Der Seele wies der Schöpfergott zwar ihren Platz im Zentrum an, spannte sie aber auch durchs ganze All; sodann umgab er diese Weltseele mit dem Weltkörper, umkleidete sie damit von außen her und umfasste sie mit dem sich allein bewegenden, kreisenden und in Rotation versetzten Himmel, der aufgrund seiner Vollkommenheit leicht mit sich selbst zufrieden sein konnte und nach keinem zweiten verlangte, da er mit sich selbst hinreichend bekannt und vertraut war.

21 So hat jene ewige Gottheit diesen vollkommen seligen Gott geschaffen.

Sed animum haud ita, ut modo locuti sumus, tum denique, cum corpus ei effecisset, inchoavit: neque enim esset rectum minori parere maiorem; sed nos multa inconsiderate ac temere dicimus.

Deus autem et ortu et virtute antiquiorem genuit ani- VII
mum eumque ut dominum atque imperantem oboedienti praefecit corpori; idque molitus tali quodam est modo:

- Ex ea materia,
  quae individua est et quae semper unius modi suique similis,
- et ex ea,
  quae in corporibus dividua gignitur,

tertium materiae genus ex duobus in medium admiscuit, quod esset eiusdem naturae et quod alterius; idque interiecit inter individuum atque id, quod dividuum esset in corpore.

Ea cum tria sumpsisset, unam in speciem temperavit, 22
naturamque illam, quam alterius diximus, vi cum eadem coniunxit fugientem et eius copulationis alienam; quae permiscens cum materia cum ex tribus effecisset

ERSCHAFFUNG DER WELTSEELE

Die Weltseele hat der Schöpfergott jedoch nicht so, wie wir eben gesagt haben, erst dann begonnen, als er einen Körper für sie geschaffen hatte: Denn es wäre nicht recht, dass das Ältere dem Jüngeren gehorcht; wir reden halt vielerlei unüberlegt und aufs Geratewohl daher.

VII Der Schöpfergott schuf die Weltseele sowohl ihrem Ursprung als auch ihrer Vollkommenheit nach zuerst und setzte sie als Herrin und Gebieterin über den Weltkörper, der zu gehorchen hat; und dies bewerkstelligte er auf etwa folgende Weise:

- Aus der Wesenheit,
  die ›ungeteilt und immer von e i n e r Art
  und nur sich selbst ähnlich ist‹,
- und aus der,
  die an den Körpern ›teilbar entsteht‹,

mischte er die Weltseele als eine aus den beiden ⟨gebildete⟩ dritte Wesenheit zu einem Mittelding; diese Art sollte ›von derselben‹ u n d ›von der anderen Natur‹ sein, und diese legte er zwischen das ›Unteilbare‹ und das, was am Körper ›teilbar ist‹.

22 Nachdem er diese drei genommen hatte, verband er sie zu einer Einheit und verband jene Natur, die wir ›von der andern Art‹ nannten, gewaltsam mit ⟨der von⟩ ›derselben ⟨Art⟩‹, die sich dem entziehen wollte und dieser Verbindung widerstrebte; nachdem er, indem er diese mit der Materie vermischte, aus dreien E i n e s geschaffen hatte,

unum, id ipsum in ea, quae decuit, membra partitus est. Iam partes singulas ex eodem et ex altero et ex materia temperavit. Fuit autem talis illa partitio:

- unam principio partem detraxit ex toto,
- secundam autem primae partis duplam,
- deinde tertiam,
  quae esset secundae sesquialtera, primae tripla,
- deinde quartam, quae secundae dupla esset,

- quintam inde, quae tertiae tripla,
- tum sextam octuplam primae,

- postremo septimam, quae septem et viginti partibus antecederet primae.

teilte er eben dieses E i n e in die gehörige Zahl von Gliedern auf. Nunmehr mischte er die einzelnen Teile aus ›dem Selben‹ und aus ›dem Anderen‹ und aus der Seelenmaterie. Jene Teilung sah nun folgendermaßen aus:

- zunächst zog er vom Ganzen e i n e n Teil ab,
- als zweiten Teil aber das Doppelte des ersten Teils,
- als dritten danach einen Teil, der das Anderthalbfache des zweiten und das Dreifache des ersten sein sollte,
- dann einen vierten Teil, der das Doppelte des zweiten sein sollte,
- einen fünften Teil hierauf, der das Dreifache des dritten,
- anschließend einen sechsten Teil, der das Achtfache des ersten sein sollte,
- und zum Schluss einen siebten Teil, der den ersten um das Siebenundzwanzigfache übertreffen sollte.

Deinde instituit dupla et tripla intervalla explere, partes rursus ex toto desecans; quas in intervallis ita locabat, ut in singulis essent bina media (vix enim audeo dicere medietates, quas Graeci μεσότητας appellant, sed quasi ita dixerim intellegatur; erit enim planius), 23

- earum alteram eadem parte praestantem extremis eademque superatam,

- alteram pari numero praestantem extremis parique superatam.

Sesquialteris autem intervallis et sesquitertiis et sesquioctavis sumptis ex his conligationibus in primis intervallis sesquioctavi intervallo sesquitertia omnia explebat, cum particulam singulorum relinqueret.

Eius autem particulae intervallo relicto habebat numerus ad numerum eandem proportionem comparationemque in extremis, quam habent ducenta quinquaginta sex cum ducentis quadraginta tribus. Atque ita 24

INTERVALLE

23 Danach begann der Schöpfergott, die zweifachen und die dreifachen Intervalle auszufüllen, indem er weitere Teile aus dem Ganzen herausschnitt; diese fügte er in die Zwischenräume so ein, dass in jedem Intervall zwei Mitglieder waren. (Kaum wage ich nämlich, diese als *medietates* zu bezeichnen – die Griechen nennen sie μεσότητες –, aber man möge das so verstehen, dass ich den Ausdruck nur hilfsweise verwende; die Sache wird ⟨dadurch⟩ gewiss leichter verständlich).

- Das eine von diesen Zwischengliedern ⟨gestaltete⟩ er so, dass es um den selben Bruchteil die Außenglieder übertraf und von diesen um den selben Bruchteil übertroffen wurde,
- das andere so, dass es die Außenglieder um eine gleiche Zahl übertraf und ⟨von ihnen⟩ um die gleiche ⟨Zahl⟩ übertroffen wurde.

Nun nahm er die anderthalbfachen, die eineindrittelfachen und die eineinachtelfachen Intervalle und füllte mit diesen Verbindungen in den ursprünglichen Intervallen alle eineindrittelfachen mit dem Intervall des Eineinachtelfachen auf, und ließ dabei von jedem der einzelnen einen kleinen Teil übrig.

24 Da nun das Intervall dieses kleinen Teils übrig gelassen war, hatte dieses, in Zahlen ausgedrückt, im Verhältnis der Glieder zueinander dieselbe Proportion wie sie zwischen den Zahlen 256 und 243 besteht. Und damit hatte der

permixtum illud, ex quo haec secuit, iam omne consumpserat.

Hanc igitur omnem coniunctionem duplicem in longitudinem diffidit mediamque accommodans mediae quasi decusavit, deinde in orbem intorsit, ut et ipsae secum et inter se ex commissura, qua e regione essent, iungerentur, eoque motu, cuius orbis semper in eodem erat eodemque modo ciebatur, undique est eas circumplexus.

Atque ita cum alterum esset exteriorem, alterum inte- 25
riorem amplexus orbem, illum eiusdem naturae, hunc alterius notavit,

- eamque, quae erat eiusdem, detorsit a latere in dexteram partem,
- hanc autem citimam a mediana linea direxit ad laevam;

sed principatum dedit superiori, quam solam individuam reliquit.

Interiorem autem cum in sex partes caeli divisisset, septem orbes dispares duplo et triplo intervallo moveri iussit contrariis inter se cursibus. Eorum autem trium fecit pares celeritates, sed quattuor et inter se dispares et dissimiles trium reliquorum.

Schöpfergott jene Mischung, von der er dieses abschnitt, nunmehr völlig aufgebraucht.

Diese ganze doppelte Verbindung spaltete er nun der Länge nach durch und legte die Teile – Mitte auf Mitte – in Form eines Chi (X) übereinander, bog sie danach zu je einem Kreis, so dass sie sowohl selbst miteinander als auch untereinander an den Schnittstellen, die einander senkrecht gegenüberlagen, verbunden wurden, und fasste sie in der Bewegung zusammen, deren Kreislauf immer in derselben Bahn und auf dieselbe Weise angetrieben wurde, von allen Seiten zusammen.

25 Als der Schöpfergott den einen Kreis so als äußeren, den anderen als inneren angelegt hatte, bezeichnete er den einen als den ›von derselben Natur‹, den andern als den ›von der andern ⟨Natur⟩‹;

- und die Natur, die ›von derselben Art‹ war, bog er von der Seite nach rechts (d.h. im Uhrzeigersinn) herum,
- die andere aber lenkte er als die nächstgelegene von der Mittellinie nach links (d.h. gegenläufig) herum;

den Vorrang aber gab er der erstgenannten, die er allein ungeteilt ließ.

Nachdem er aber den Innenraum in die sechs ⟨so entstehenden⟩ Teile des Himmels geteilt hatte, befahl er, dass die sieben ungleichen Kreise sich im doppelten und dreifachen Intervall in untereinander gegensätzlichen Bahnen bewegten. Von dreien davon machte er die Geschwindigkeit gleich – von ⟨den verbleibenden⟩ vieren aber machte er sie sowohl untereinander ungleich als auch denen der drei übrigen unähnlich.

Animum igitur cum ille procreator mundi deus ex sua VIII
mente et voluntate genuisset, tum denique omne, 26
quod erat concretum atque corporeum, substernebat animo interiusque faciebat atque ita medio medium accomodans copulabat.

Sic animus a medio profectus extremitatem caeli a suprema regione rotundo ambitu circumiecit seseque ipse versans divinum sempiternae sapientisque vitae induxit exordium.

Et corpus quidem caeli spectabile effectum est; animus 27
autem oculorum effugit optutum. Est autem unus ex omnibus rationis concentionisque, quae ἁρμονία Graece, sempiternarum rerum et sub intellegentiam cadentium compos et particeps. Quo nihil ab optimo et praestantissimo genitore melius procreatum.

Quippe qui ex eadem iunctus alteraque natura, adiuncta materia, temperatione trium partium proportione compacta, se ipse conversans, cum materiam mutabilem arripuit et cum rursus individuam atque simplicem,

– per se omnis movetur
– discernitque,
–– quid sit eiusdem generis, quid alterius,
– et cetera diiudicat,
–– quid cuique rei sit maxime aptum,
–– quid quoque loco aut modo aut tempore contingat,
–– quaeque distinctio sit inter ea, quae gignantur, et ea, quae sint semper eadem.

VIII 26 Nachdem also jener Gott, der das All erschuf, die Weltseele nach seinem Geist und seinem Willen gebildet hatte, da unterwarf er schließlich alles, was konkret und körperlich war, der Seele, verlegte es nach innen und verband es ⟨mit ihr⟩, indem er Mitte auf Mitte übereinanderlegte.

So nahm die Weltseele ihren Ausgang von der Mitte, umgriff die äußerste Grenze des Alls von der obersten Region aus, umkreiste sie und setzte, indem sie in sich selbst kreiste, den göttlichen Beginn eines ewigen und vernunftbegabten Lebens.

27 Der Weltkörper ist sichtbar gestaltet; die Weltseele hingegen entzieht sich der Wahrnehmung durch das Auge. Einzig sie ist der Vernunft und der Harmonie (*concentio*, welche die Griechen ἁρμονία nennen) der ewigen und der unter das Erkenntnisvermögen fallenden Dinge vollkommen mächtig. Sie ist das Beste von allem, was der überragende Schöpfergott hervorgebracht hat.

Die Seele ist ja als Verbindung aus der ›selben‹ und der ›anderen‹ Natur unter Einbeziehung der Seelenmaterie, also durch proportionale Mischung dreier Teile, zusammengefügt; sie kreist in sich selbst; sobald sie veränderbare Materie mitgerissen hat und dann wiederum Unteilbares und Einfaches,

- wird sie in ihrem ganzen Sein erregt,
- unterscheidet,
  -- was ›derselben Art‹ und was ›der anderen‹ zugehört,
- und entscheidet bezüglich des Übrigen,
  -- was für jegliches Ding am besten geeignet ist,
  -- was am jeweiligen Ort nach Lage oder Zeit passt, und
  -- welcher Unterschied zwischen dem besteht, was ›entsteht‹, und dem, was ›immer das Selbe ist‹.

Ratio autem vera, quae versatur in iis, quae sunt semper eadem, et in iis, quae mutantur, 28

– cum in eodem et in altero movetur ipsa per sese sine voce et sine ullo sono, cum eandem partem attingit, qua sensus cieri potest, et orbis illius generis alterius immutatus et rectus omnia animo mentique denuntiat, tum opiniones assensionesque firmae veraeque gignuntur;

– cum autem in illis rebus vertitur, quae, manentes semper eadem, non sensu, sed intellegentia continentur …

MEINUNGEN UND ZUSTIMMUNGEN

28 Die wahre Vernunft aber verweilt in dem, was ›immer das Selbe ist‹, und in dem, was ›sich ändert‹.

– Wenn sie sich aber ›in dem Selben‹ und ›im andern‹ ohne Geräusch lautlos durch sich selbst bewegt, und dabei den Teil berührt, durch den die Sinneswahrnehmung erregt werden kann, und der unveränderliche und richtige Kreis jener ›anderen Art‹ der Seele und dem Verstand alles meldet, dann entstehen verlässliche, wahre Meinungen und Zustimmungen.

– Wenn sie aber in dem kreist, was, indem es ›immer das Selbe‹ bleibt und was nicht durch Sinneseindruck, sondern durch Erkenntnisvermögen erfasst wird,

〈… *kommen zwangsläufig vernünftige Einsicht und Wissen zustande* …〉

Lange Lücke im Cicero-Text (Platon 37c 3–38c 3).
entsprechend ca. 38 Oxoniensis-Zeilen.

… ratione igitur et mente divina ad originem temporis IX
curriculum inventum est solis et lunae … 29

… alterius natura converteret, ut terram lunae cursus proxime ambiret, eique supra terram proxima Solis circumvectio esset. Lucifer deinde et sancta Mercuri stella cursum habent Solis celeritati parem, sed vim quandam contrariam, eaque inter se concursationes habent Lucifer Mercurius Sol, aliique alios vincunt vicissimque vincuntur.

ERSCHAFFUNG DER ZEIT. PLANETEN

IX 29 … durch die Überlegung und den Gedanken des Schöpfergottes, den Lauf der Zeit beginnen zu lassen, ist also der Umlauf der Sonne und des Mondes erfunden worden …

Kurze Lücke im Cicero-Text (Platon 38c 5–d 1)
entsprechend ca. 4 Oxoniensis-Zeilen;
mit Platon 38d 1 setzt der Cicero-Text wieder ein.

⟨*Und nachdem der Schöpfergott den Körper eines jeden Planeten gebildet hatte, setzte er ihrer sieben in die sieben Kreise hinein …*⟩
… ⟨die⟩ die Natur ⟨des ›Andern‹⟩ in Umlauf setzte, so dass die Bahn des Mondes die Erde im geringsten Abstand umkreist und er oberhalb der Erde die sonnennächste Bahn innehat. Danach haben Lucifer und der dem Merkur heilige Stern ihre Bahn, mit gleicher Geschwindigkeit wie die Sonne, aber mit einer Art von gegensätzlicher Kraft, und durch diese haben Lucifer, Merkur und Sonne Begegnungen: Sie überholen einander und werden abwechselnd überholt.

Reliquorum siderum quae causa conlocandi fuerit 30
quaeque eorum sit conlocatio, in sermonem alium differendum est, ne in eo, quod attingendum fuit, quam in eo, cuius causa id attingimus, longior ponatur oratio.

Quando igitur sibi quidque eorum siderum cursum decorum est adeptum, ex quibus erat motus temporis consignandus, conligatisque corporibus vinculis animalibus cum animantia orta sunt eaque imperio parere didicerunt, tunc ex alterius naturae motione transversa in eiusdem naturae motum incurrentia in eaque haerentia atque impedita,

- cum alia maiorem lustrarent orbem,
- alia minorem,

tardius, quae maiorem, celerius, quae minorem, motu unius eiusdemque naturae quae velocissime movebantur, et ea celeritate vinci a tardioribus et cum superabant, superari videbantur.

Omnes enim orbes eorum quasi helicae inflexione ver- 31
tebat, qua bifariam contrarie simul procedentia efficiebant, ut, quod esset tardissimum, id proximum fieret celerrimo. Atque ut esset mensura quaedam evidens, quae in octo cursibus celeritates tarditatesque declara-

WEITERE GESTIRNE

30 Was der Grund war, den restlichen Gestirnen ihren Platz anzuweisen, und wie sie angeordnet wurden, das ist eine Frage, die auf ein anderes Gespräch vertagt werden muss, damit nicht dem, was nur nebenher zu behandeln wäre, eine längere Erörterung gewidmet werde als der Frage, deretwegen wir diese Nebensache angetippt haben.

Nachdem also ein jedes derjenigen Gestirne, nach denen die Bewegung der Zeit zu bezeichnen war, die ihm gemäße Bahn eingenommen hatte, aus ihren durch beseelte Bänder verbundenen Körpern Lebewesen geworden waren und diese ihren Auftrag auszuführen gelernt hatten, liefen sie aus der schrägstehenden Bahn der ›anderen Natur‹ in die Bahn der ›selben Natur‹ hinein, blieben in ihr hängen und wurden darin festgehalten, wobei
– die einen auf einer weiteren Bahn,
– die andern auf einer engeren liefen –
langsamer die auf der weiteren, schneller die auf der engeren Bahn –; durch die Bewegung ›ein und derselben Natur‹ schienen die am schnellsten laufenden trotz ihrer Schnelligkeit von den langsameren überholt zu werden, auch wenn sie selbst jene überholten.

31 Denn alle Kreisbahnen der Gestirne legte der Schöpfergott gleichsam als Spiralen an, wodurch die Gestirne in ihrem zwiefachen und zugleich gegenläufigen Voranschreiten bewirkten, dass dasjenige, das am langsamsten war, dem schnellsten am nächsten kam. Und damit ein klares Maß

ret, deus ipse solem quasi lumen accendit ad secundum supra terram ambitum, ut quam maxime caelum omnibus conluceret animantesque, quibus ius esset doceri, ab eiusdem motu et ab eius, quod simile esset, numerorum naturam vimque cognoscerent.

Nox igitur et dies ad hunc modum et ob has generata 32
causas unum circuitum orbis efficit sapientissimum atque optimum,

- mensis autem, quando luna lustrato suo cursu solem consecuta est,
- annus, ubi sol suum totum confecit et peragravit orbem.

Ceterorum autem siderum ambitus ignorantes homi- 33
nes praeter admodum paucos neque nomen appellant neque inter se numero commetiuntur; itaque nesciunt hos siderum errores id ipsum esse, quod rite dicitur tempus, multitudine infinita, varietate admirabili praeditos. Ac tamen illud perspici et intellegi potest, absoluto perfectoque numero temporis absolutum annum perfectumque tunc compleri denique, cum se octo ambitus confectis suis cursibus ad idem caput rettulerunt cumque eos permensus est idem et semper sui similis orbis.

Has igitur ob causas nata astra sunt, quae per caelum 34
penetrantia solstitiali se et brumali revocatione conver-

gegeben sei, das die unterschiedlichen Geschwindigkeiten in den acht Bahnen erkennbar macht, entzündete der Schöpfergott selbst die Sonne gleichsam als Leuchte auf der zweiten Bahn oberhalb der Erde, auf dass sie den Himmel für alle möglichst hell ausleuchte und so die belebten Wesen, die Anspruch auf Belehrung hatten, an der Bewegung ›des Selben‹ und dessen, was nur ›ähnlich‹ ist, die Natur der Zahlen und deren große Macht erkennen könnten.

32 Zusammen mit dem Tag vollzieht die Nacht, die auf diese Weise und aus diesen Gründen geschaffen wurde, einen Kreislauf, den weisesten und besten;

- ein Monat aber vollendet sich, wenn der Mond seine Bahn durchlaufen und die Sonne erreicht hat,
- ein Jahr, sobald die Sonne ihren Kreislauf vollendet und durchlaufen hat.

33 Die Umläufe der übrigen Gestirne kennen die Menschen bis auf sehr wenige nicht, sie können weder deren Namen nennen noch ihre Beziehungen berechnen; daher wissen sie nicht, dass diese vermeintlichen Irrläufe der Gestirne in ihrer unbegrenzten Menge und ihrer bewundernswerten Vielfalt genau das sind, was man gemeinhin als ›Zeit‹ bezeichnet. Und dennoch kann man durchschauen und begreifen, dass bei absoluter und perfekter Zeitmessung das absolute und perfekte ⟨Große⟩ Jahr perfekt dann erfüllt wird, wenn die acht Sphären nach Vollendung ihrer Umläufe zum selben Ausgangspunkt zurückgekehrt sind, wobei der ›selbe und immer sich ähnliche‹ Kreis ihr Bezugssystem gebildet hat.

34 Aus diesen Gründen also sind die Gestirne geschaffen, die, durch den Himmel dahinziehend, in ihrem Lauf zur

terent, ut hoc omne animal, quod videmus, esset illi animali, quod sentimus, ad aeternitatis imitationem simillimum.

Zeit der Sommer- und der Wintersonnenwende umkehren, so dass dieses ganze Lebewesen, das wir sehen, jenem Lebewesen, das wir nur gedanklich erfassen können, als Abbild des Ewigen am nächsten kommt.

Et cetera quidem usque ad temporis ortum expressa X
ab illis, quae imitabatur, ecfinxerat; sed quia nondum omne animal in mundo intus incluserat, ex ea parte deficiebat ad propositum exemplar imaginis similitudo. Quot igitur et quales animalium formas mens in speciem rerum intuens poterat cernere, totidem et tales in hoc mundo secum cogitavit effingere.

Erant autem animantium genera quattuor, quorum 35

- unum divinum atque caeleste,
- alterum pennigerum et aerium,
- tertium aquatile,
- pedestre atque terrestre quartum.

Divinae animationis maxime speciem faciebat ex igne, ut et splendidissimus esset et aspectu pulcherrimus; cumque eum similem universi naturae efficere vellet, ad volubilitatem rotundavit comitemque eum sapientiae quam optimae mentis effecit circumque omne caelum aequaliter distribuit, ut hunc varietate distinctum bene Graeci κόσμον, nos lucentem mundum nominaremus.

Dedit autem divinis duo genera motus, 36

VIER ARTEN LEBEWESEN

X Und bis zum Beginn der Zeit hatte der Schöpfergott das meiste als Kopie von dem, was er nachgestaltete, ausgeformt. Weil er aber noch nicht jedes Lebewesen ins All einbezogen hatte, fehlte in dieser Hinsicht dem Bild die Ähnlichkeit mit dem vorgestellten Urbild. Alle Formen von Lebewesen, welcher Art auch immer, die der Schöpfergott beim Blick auf die Ideen erkennen konnte, gedachte er folglich nach Zahl und Qualität in seinem All nachzubilden.

35 Es waren dies aber vier Arten von Lebewesen,
- die erste davon göttlich und himmlisch,
- die zweite gefiedert und in der Luft lebend,
- die dritte im Wasser lebend,
- auf Füßen laufend und am Land lebend die vierte.

Die Art mit der stärksten göttlichen Beseelung erschuf der Schöpfergott aus Feuer, so dass sie am meisten glänzt und am schönsten anzuschauen ist; und da der Schöpfergott sie der Natur des Universums ähnlich gestalten wollte, rundete er sie zur Kugelgestalt, machte sie zur Begleiterin der Weisheit des besten Geistes und verteilte sie gleichmäßig über den ganzen Himmel hin, so dass die Griechen diese durch Vielfalt geschmückte Art richtig κόσμος (d. h. Schmuck) nennen, wir Lateiner aber ›das leuchtende All‹.

36 Er verlieh den göttlichen Wesen zwei Arten von Bewegung,

- unum, quod semper esset in eodem quodque et idem isdem de rebus atque uno modo cogitaret,

- alterum, quod in anticam partem a conversione eiusdem et similis pelleretur.

Quinque autem reliquis motibus orbum eum voluit esse et expertem, immobilem et stantem.

Ex quo genere ea sunt sidera, quae infixa caelo non moventur loco, quae sunt animantia eaque divina, ob eamque causam suis sedibus inhaerent et perpetuo manent. Quae autem vaga et mutabili erratione labuntur, ita generata sunt, ut supra diximus.

Iam vero terram, altricem nostram, quae traiecto axe 37
sustinetur, diei noctisque effectricem eandemque custodem, antiquissimam deorum omnium voluit esse eorum, qui intra caelum gignerentur.

Lusiones autem deorum et inter ipsos deos concursiones,

- quaeque in orbibus eorum conversiones quaeque antecessiones eveniant,
- cumque inter se paene contingant, eos, qui prope copulentur contrariaque regione, et pone quos aut ante labantur,
- quibusque temporibus a nostro aspectu oblitescant rususque emersi terrorem incutiant rationis expertibus –

- die eine, die immer ›in dem Selben‹ sein und auch ›das Selbe von denselben Dingen‹ auf gleiche Weise denken sollte,
- die zweite, die von der Umdrehung ›des Selben‹ und ›des Ähnlichen‹ vorangetrieben werden sollte.

Die fünf übrigen Bewegungsarten aber enthielt er der Fixsternsphäre vor, da er diese unbewegt und stillstehend haben wollte.

Von dieser Art sind die Gestirne, die am Himmel festgeheftet sind und sich nicht von ihrem Platz bewegen. Sie sind beseelt und göttlich, und aus diesem Grunde haften sie auf ewig an ihren Sitzen. Diejenigen aber, die umherschweifend und in veränderlichem Irrlauf dahingleiten, sind so geartet, wie wir oben sagten.

37 Nun wollte der Schöpfergott aber, dass die Erde, unsere Ernährerin, die durch eine hindurchlaufende Achse im Gleichgewicht gehalten wird, Tag und Nacht bewirkt und zugleich darüber wacht, die wichtigste all der Gottheiten sei, die innerhalb des Universums geschaffen wurden.

Wenn wir aber die Tanzspiele der Götter (d.h. der Planeten) und ihre Begegnungen untereinander mit bloßen Worten zu erklären suchten –

- welche Rück- und Vorausläufe sich auf ihren Bahnen ereignen, und
- mit welchen sie bei ihren Beinahe-Berührungen in Konjunktion und in Opposition treten und hinter oder vor welchen sie vorbeigleiten, und
- zu welchen Zeiten sie aus unserem Gesichtskreis verschwinden und bei ihrem Wiederauftauchen denen, die nichts davon verstehen, Schrecken einjagen –,

si verbis explicare conemur nullo posito ob oculos simulacro earum rerum, frustra suscipiatur labor.

Sed haec satis sint dicta nobis, quaeque de deorum, qui cernuntur quique sunt orti, natura praefati sumus, habeant hunc terminum.

wenn wir alle diese Erscheinungen mit bloßen Worten zu erklären suchten, ohne dabei ein Modell davon vor Augen zu haben, wäre das vergebliche Liebesmüh.

Aber nun genug davon! Was wir vom Wesen der Götter, die sichtbar und entstanden sind, im Vorausgehenden besprochen haben, habe hier sein Ende.

Reliquorum autem, quos Graeci δαίμονας appellant, XI
nostri, ut opinor, Lares, si modo hoc recte conversum 38
videri potest, et nosse et nuntiare ortum maius est,
quam ut profiteri nos scire audeamus. Credendum ni-
mirum est veteribus et priscis, ut aiunt, viris, qui se
progeniem deorum esse dicebant itaque eorum voca-
bula nobis prodiderunt. Nosse autem generatores suos
optime poterant, ac difficile factu est a deis ortis fidem
non habere: quamquam nec argumentis nec rationibus
certis eorum oratio confirmatur; sed quia de suis nobis
rebus videntur loqui, veteri legi parendum est.

Sic igitur, ut ab his est traditum, horum deorum ortus 39
habeatur atque dicatur, ut Oceanum Salaciamque Caeli
satu Terraeque conceptu generatos editosque memore-
mus, ex his Saturnum et Opem, deinceps Iovem atque
Iunonem, reliquos, quos fratres inter se agnatosque
usurpari atque appellari videmus, et eorum, ut utamur
veteri verbo, prosapiam.

DIE ›JUNGEN‹ GOTTHEITEN

XI 38 Über die sonstigen Götterwesen, die die Griechen als Daimonen, die Unsern, wie ich meine, als *Lares* bezeichnen (wenn dies überhaupt als richtige Übersetzung gelten kann), etwas zu wissen und über ihren Ursprung zu berichten ist ein zu schwieriger Gegenstand, als dass wir zu behaupten wagten, wir wüssten das. Man muss natürlich den Alten und, wie sie sagen, Uralten glauben, die behaupteten, sie seien Göttersprösslinge, und die uns so deren Namen überliefert haben. Sie konnten aber ihre Erzeuger bestens gekannt haben, und es ist schwer, Wesen, die von Göttern abstammen, nicht zu glauben: Zwar wird ihre Aussage weder durch Argumente noch durch sichere Vernunftgründe bestätigt; da sie uns aber von ihren eigenen Verhältnissen zu berichten scheinen, muss man dem alten Gesetz und dem alten Brauch gehorchen.

39 Folglich soll der Ursprung dieser Götter so, wie er von ihnen überliefert ist, für richtig gehalten und beschrieben werden, nämlich dass wir sagen, Oceanus und Salacia seien vom Samen des Himmelsgottes (Caelus) gezeugt, von der Erdgöttin (Terra) empfangen und geboren worden, von diesen Saturnus und Ops, danach Iuppiter und Iuno, dann die übrigen, die, wie wir sehen, als miteinander verwandte Geschwister aufgefasst und genannt werden, und dazu, um ein altertümliches Wort zu gebrauchen, deren gesamte Sippschaft.

Quando igitur omnes et qui moventur palamque se 40
ostendunt et qui eatenus nobis clarantur, qua ipsi volunt, creati sunt, tum ad eos is deus, qui omnia genuit, fatur haec:

> ‚Vos, qui deorum satu orti estis, adtendite! Quorum operum ego parens effectorque sum, haec sunt indissoluta me invito: quamquam omne conligatum solvi potest, sed haudquaquam boni est ratione vinctum velle dissolvere. Sed quoniam estis orti, immortales vos quidem esse et indissolubiles non potestis, neutiquam tamen dissolvemini, neque vos ulla mortis fata periment nec fraus valentior quam consilium meum, quod maius est vinculum ad perpetuitatem vestram quam illa, quibus estis tum, cum gignebamini, conligati.
>
> Quid sentiam igitur, cognoscite! Tria genera nobis 41
> reliqua sunt eaque mortalia, quibus praetermissis caeli absolutio perfecta non erit. Omnia enim genera animalium complexu non tenebit, teneat autem oportebit, ut ex eodem ne quid absit. Quae a me ipso si effecta sint, deorum vitam possint adaequare; ut igitur mortali condicione generentur, vos suscipite, ut illa gignatis imiteminique vim meam, qua me in vestro ortu usum esse meministis! In quibus qui tales creabuntur, ut deorum immortalium

REDE DES SCHÖPFERGOTTES

40 Da also alle ⟨Gestirne⟩ erschaffen waren, sowohl diejenigen, die sich bewegen und offen zeigen, als auch diejenigen, die sich uns nur insoweit zeigen, als sie selbst es wollen, sprach der Schöpfergott, der alles erzeugt hat, zu ihnen folgendes:

»Ihr, die ihr aus Göttersamen entstanden seid, höret zu! Die Werke, deren Erzeuger und Schöpfer ich bin, sind gegen meinen Willen nicht auflösbar: Man kann zwar alles, was verbunden ist, auch wieder trennen, es ist aber keinesfalls Sache eines Guten, das, was vernünftig verbunden ist, wieder auflösen zu wollen. Da ihr entstanden seid, könnt ihr gewiss nicht unsterblich und unzerstörbar sein; dennoch werdet ihr sicher nicht vernichtet werden, noch wird euch irgendein tödliches Verhängnis dahinraffen oder sonst eine Tücke, die stärker ist als mein Beschluss, der ein festeres Band für eure beständige Existenz ist als jene Bänder, durch die ihr damals verbunden worden seid, als ihr geschaffen wurdet.

41 Nehmet also zur Kenntnis, was ich denke! Wir haben drei weitere Arten ⟨von Lebewesen⟩, und zwar sterbliche; wenn diese entfielen, gäbe es keine Vollkommenheit des Alls, denn es würde dann nicht alle Arten von Lebewesen enthalten; es muss sie aber enthalten, damit ja nichts von dem ›Selben‹ fehlt. Angenommen, ich würde diese Arten selbst erschaffen, dann könnten sie wohl auch die Lebensdauer von Göttern erreichen; damit sie also unter der Bedingung der Sterblichkeit gezeugt werden, sollt ihr es übernehmen, sie zu zeugen

quasi gentiles esse debeant, divini generis appellentur teneantque omnium animantium principatum vobisque iure et lege volentes pareant. Quorum vobis initium satusque tradetur a me, vos autem ad id, quod erit inmortale, partem attexitote mortalem; ita orientur animantes, quos et vivos alatis et consumptos sinu recipiatis!‘

und ⟨dabei⟩ eine ähnliche Macht wie ich ausüben, von der ich bei eurem Ursprung, wie ihr euch erinnert, Gebrauch gemacht habe. Diejenigen unter ihnen, die so geschaffen werden, dass sie gleichsam Stammesbrüder der Unsterblichen sein dürfen, sollen ›von göttlichem Geschlecht‹ genannt werden und den Vorrang unter allen beseelten Wesen innehaben und euch nach Recht und Gesetz willig gehorchen! Ihr Ursprung und ihre Zeugung wird euch von mir übertragen werden, ihr aber sollt zu dem, was unsterblich ist, den sterblichen Teil dazugeben. So werden beseelte Wesen entstehen, die ihr im Leben nähren und nach ihrem Tod ans Herz drücken werdet.«

Haec ille dixit, deinde ad temperationem superiorem 42
revertit, in qua omnem animum universae naturae
temperans permiscebat superiorisque permixtionis re-
liquias fundens aequabat eodem modo ferme, nisi
quod non ita incorrupta, ut ea, quae semper idem, sed
ab iis secundum sumebat atque etiam tertium.

ZWEITE UND DRITTE SEELENQUALITÄT

42 Das sprach der Schöpfergott. Daraufhin kehrte er zu seiner früheren Mischarbeit zurück; dabei vermischte er die gesamte Seele der gesamten Natur gründlich, goss die Überreste aus der früheren Mischung hinzu und glich sie etwa auf dieselbe Weise aus, bloß dass sie nicht so unzerstörbar war wie das, was ›immer das Selbe‹ ist, nahm aber davon nur die zweite und auch die dritte Qualität.

Toto igitur omni constituto sideribus parem numerum XII
distribuit animorum et singulos adiunxit ad singula at- 43
que ita quasi in currum universitatis imposuit com-
monstravitque leges fatales ac necessarias et ostendit
primum ortum unum fore omnibus eumque modera-
tum atque constantem nec ab ullo inminutum; satis
autem et quasi sparsis animis fore, uti certis temporum
intervallis oreretur animal, quod esset ad cultum deo-
rum aptissimum.

Sed cum duplex esset natura generis humani, sic se res 44
habebat, ut praestantius genus esset eorum, qui essent
futuri viri. Cum autem animos corporibus necessitate
insevisset cumque ad corpora tum accessio fieret tum
abscessio, principio necesse erat sensum exsistere
unum communemque omnium vehementiore motu
excitatum coniunctumque naturae, deinde voluptate
et molestia mixtum amorem, post iram et metum et
reliquos motus animi comites superiorum et his etiam
contrarios dissidentesque. Quos qui ratione rexerit,
iuste vixerit, qui autem iis se dederit, iniuste.

SEELENWANDERUNG

XII 43 Nachdem also das All errichtet war, teilte der Schöpfergott den Planeten eine gleiche Zahl von Seelen zu, verband jede mit einem Gestirn und setzte sie so gleichsam in den Lauf des Universums; er verkündete ihnen nachdrücklich die schicksalhaft bindenden Gesetze und erklärte, dass ihnen allen bei ihrer erstmaligen Geburt genau dasselbe zugeteilt werde, wohlbemessen, auf Dauer und von niemandem beeinträchtigt. Nachdem die Seelen gezeugt und gleichsam ausgestreut wären, werde es geschehen, dass in bestimmten Zeitintervallen ein Lebewesen entstehe, das sich für die Verehrung der Götter in besonderem Maße eignet.

44 Weil es aber bei den Menschen zwei Geschlechter geben sollte, verhielt es sich so, dass die vorzüglichere Art die derer war, die Männer werden sollten. Da der Schöpfergott die Seelen eng mit den Körpern verbunden hatte und die Körper bald zunehmen, bald abnehmen, war es von Anfang an notwendig, dass ein allen (d.h. beiden Geschlechtern) gemeinsames Empfindungsvermögen entstand, das durch eine heftigere Erschütterung erregt wird und mit der Natur verbunden ist, sodann aus Lust und Leid gemischte Liebe, dann Zorn und Furcht und die übrigen Seelenregungen als Begleiter der oben genannten und auch im Widerstreit mit ihnen liegend. Wer diese Seelenregungen durch Vernunft beherrscht, der hat gerecht gelebt, wer sich aber ihnen hingibt, ungerecht.

Atque ille, qui recte atque honeste curriculum vivendi 45
a natura datum confecerit, ad illud astrum, quocum aptus fuerit, revertetur; qui autem inmoderate et intemperate vixerit, eum secundus ortus in figuram muliebrem transferet, et, si ne tum quidem finem vitiorum faciet, gravius etiam iactabitur et in suis moribus simillimas figuras pecudum et ferarum transferetur neque malorum terminum prius adspiciet, quam illam sequi coeperit conversionem, quam habebit in se ipse eiusdem et similis innatam et insitam: quod tum eveniet, cum illa, quae ex igni anima aqua atque terra turbulenta et rationis expertia insederint, ratione depulerit et ad primam atque optimam adfectionem animi pervenerit.

Quae cum ita designasset seseque, si quid postea frau- XIII
dis aut vitii evenisset, extra omnem culpam causam- 46
que posuisset, alios in terram, alios in lunam, alios in reliquas mundi partes, quae sunt spatiorum temporis signa et notae constitutae, spargens quasi serebat.

Post autem eam sationem dis, ut ita dicam, iunioribus permisit, ut corpora mortalia effingerent, quantumque esset reliquum ex humano animo, quod deberet accedere, id omne, et quae consequentia essent, perpolirent et absolverent, deinde ut huic animanti principes se ducesque praeberent vitamque eius quam pulcherrime regerent et gubernarent, quatenus non ipse bene factus sua culpa sibi aliquid miseriae quaereret.

45 Und wer den von der Natur gegebenen Lebensweg richtig und mit Anstand vollendet, der wird zu dem Gestirn, mit dem er verbunden ist, zurückkehren; wer aber maßlos und unbeherrscht gelebt hat, den wird eine zweite Geburt mit einem Frauenleib versehen, und wenn er auch dann seinen Lastern noch kein Ende setzt, wird er noch schwerer geschlagen und in den seinem Betragen entsprechenden Körper eines Haus- und Wildtiers gesteckt werden, und er wird ein Ende seiner Übel erst sehen, wenn er jenem Umschwung zu folgen beginnt, der ihm als der des ›Selben‹ und des ›Ähnlichen‹ eingeboren und eingesät ist: Das wird dann der Fall sein, wenn er das, was sich aus Feuer, Luft, Wasser und Erde wirr und vernunftlos in ihm festgesetzt hat, durch Vernunft vertreibt und zur ursprünglichen und besten Verfassung seiner Seele gelangt ist.

XIII 46 Nachdem der Schöpfergott dies so vorgegeben hatte und für den Fall, dass später Betrug oder Fehler auftreten sollten, jede Verantwortung von sich gewiesen hatte, verteilte er die einen auf die Erde, die andern auf den Mond, wieder andere auf die übrigen Himmelskörper, die als Gestirne und Anzeiger der Zeit bestimmt sind, und säte sie gewissermaßen an.

Nach dieser Ansaat erlaubte er den jüngeren Gottheiten (ich will sie einmal so nennen), sterbliche Körper zu bilden, auch dass sie, soviel noch übrig war an Menschenseelenstoff, der ⟨zu den Körpern⟩ hinzutreten musste, dies alles und was die Folgen davon waren, ordentlich zu Ende brächten, sodann, dass sie sich diesem beseelten Wesen als Meister und Führer anböten und sein Leben so gut wie möglich leiteten und lenkten, sofern es sich nicht trotz seiner guten Ausstattung durch eigene Schuld selbst ins Unglück stürzt.

Atque is quidem, qui cuncta composuit, constanter in 47
suo manebat statu; qui autem erant ab eo creati, cum parentis ordinem cognovissent, hunc sequebantur. Itaque cum accepissent inmortale principium mortalis animantis, imitantes genitorem et effectorem sui particulas ignis et terrae et aquae et animae a mundo, quas rursus redderent, mutuabantur easque inter se copulabant, haud isdem vinclis, quibus ipsi erant conligati, sed talibus, quae cerni non possent propter parvitatem, crebris quasi cuneolis inliquefactis unum efficiebant ex omnibus corpus atque in eo influente atque effluente animi divini ambitus inligabant.

Itaque illi in flumen inmersi neque tenebant neque te- 48
nebantur, sed vi magna tum ferebant tum ferebantur. Ita totum animal movebatur illud quidem, sed inmoderate et fortuitu, ut sex motibus veheretur: nam et ante et pone et ad laevam et ad dextram et sursum et deorsum, modo huc, modo illuc …

DIE ›JUNGEN‹ GOTTHEITEN AM WERK

47 Und der Schöpfergott, der alles ersann, blieb unwandelbar; als aber die Gottheiten, die von ihm geschaffen waren, die Anordnung ihres Erzeugers zur Kenntnis genommen hatten, folgten sie ihm. Nachdem sie aber den unsterblichen Keim des sterblichen Lebewesens in Empfang genommen hatten, taten sie es ihrem Erzeuger und Schöpfer gleich, borgten sich vom All Teilchen von Feuer, Erde, Wasser und Luft, die sie wieder zurückzugeben hatten, und verbanden sie untereinander, jedoch nicht mit denselben Fesseln, mit denen sie selbst zusammengefügt worden waren, sondern mit solchen, die wegen ihrer Kleinheit unsichtbar sind. Sie verschmolzen gewissermaßen zahlreiche winzige Pflöckchen und bildeten aus allen Bestandteilen jeden einzelnen Körper und banden in diesen Leib, der aufnimmt und ausscheidet, die Umschwünge der göttlichen Seele ein.

48 Also wurden die Seele wie in einen Strom eingebunden, und jene konnten ihn weder aufhalten noch ließen sie sich aufhalten, sondern drängten bald mit viel Kraft, bald wurden sie bedrängt. So wurde jenes ganze Lebewesen in Bewegung gesetzt, jedoch regellos und zufallsabhängig, so dass es sich in sechs Richtungen bewegte: nämlich nach vorne und hinten, nach links und nach rechts, aufwärts und abwärts, bald hierhin, bald dorthin …

Lücke im Cicero-Text (Platon 43b–46a 2)
entsprechend ca. 102 Oxoniensis-Zeilen;
mit 46a 5 setzt der Cicero-Text wieder ein.

XIV

… cum unus de his in levitate et splendore consedit, 49
tum vel eadem species vel interdum inmutata redditur,
cum ignis oculorum cum eo igne, qui est ob os effusus,
se confudit et contulit.

- Dextra autem videntur, quae laeva sunt, quia contrariis partibus oculorum contrarias partes attingunt.

- Respondent autem dextra dexteris, laeva laevis conversione luminum, cum ea inter se non cohaerescunt: id fit, cum speculorum levitas hinc illincque altitudinem adsumpsit et ita dextera detrusit in laevam partem oculorum laevaque in dexteram.

- Supina etiam ora cernuntur depulsione luminum, quae convertens inferiora reddit, quae sunt superiora.

AUGE UND SPIEGEL

XIV ⟨*Hiernach ist auch die Entstehung von Bildern im Spiegel und in allem Glatten und Glänzenden nicht mehr schwierig zu begreifen* ...⟩

49 ... wenn e i n e r von diesen ⟨Feuerstrahlen⟩ auf eine polierte, glänzende Spiegeloberfläche trifft, wird ein ⟨der Wirklichkeit⟩ entsprechendes Bild wiedergegeben oder bisweilen ein spiegelverkehrtes, wenn das den Augen ⟨entströmende⟩ Feuer sich eng mit dem Feuer verbindet, das ⟨vom Objekt ausgehend⟩ sich gegen das Gesicht ergießt.

- Als rechts liegend erscheint, was ⟨in Wirklichkeit⟩ links liegt, weil die Bilder mit den entgegengesetzten Seiten der Sehstrahlen auf die entgegengesetzten Seiten ⟨des Objekts⟩ treffen.
- Umgekehrt entspricht die rechte Seite der rechten und die linke der linken infolge einer Umlenkung der Strahlen, wenn diese sich nicht miteinander verbinden: Dies ist der Fall, wenn die glatte Spiegelfläche zu den Rändern hin erhöht ist und so das Rechtsliegende nach der linken Seite der Augen wegdrängt und das Linke nach der rechten.
- Auch kopfstehend sieht man Gesichter infolge einer Reflexion der Sehstrahlen, die die Seiten vertauscht und als untenliegend wiedergibt, was in Wirklichkeit oben liegt.

Atque haec omnia ex eo genere sunt, quae rerum adiu- 50
vant causas, quibus utitur ministeriis deus, cum optimi speciem, quoad fieri potest, efficit.

Sed existimant plerique non haec adiuvantia causarum, sed has ipsas esse omnium causas, quae vim habeant refrigerandi calficiendi concrescendi liquendi, careant autem omni intellegentia atque ratione, quae nisi in animo nulla alia in natura reperiantur; animus autem sensum omnem effugit oculorum, at ignis aqua terra anima corpora sunt eaque cernuntur.

Illum autem, qui intellegentiae sapientiaeque se ama- 51
torem profitetur, necesse est intellegentis sapientisque naturae primas causas conquirere, dein secundas earum rerum, quae necessario movent alias, cum ipsae ab aliis moventur. Quocirca nobis sic cerno esse faciendum, ut de utroque nos quidem dicamus genere causarum, separatim autem de iis, quae cum intellegentia sunt efficientes pulcherrimarum rerum atque optumarum, et de iis, quae vacantes prudentia inconstantia perturbataque efficiunt.

Ac de oculorum quidem causis, ut habeant eam vim, 52
quam nunc habent, satis ferme esse dictum puto; ma-

ZWEI ARTEN VON URSACHEN

50 Alle diese Erscheinungen sind von der Art, dass sie die Ursachen der Dinge unterstützen; ihrer bedient sich der Schöpfergott, wenn er die Idee des Besten verwirklicht, soweit das geschehen kann.
Die meisten meinen jedoch, dass es sich hierbei nicht um Hilfsursachen handelt, sondern dass dies die eigentlichen Ursachen aller Dinge sind, welche zwar die Kraft haben abzukühlen, zu erwärmen, zu verfestigen und zu verflüssigen, aber ohne alle Intelligenz und Vernunft sind, da diese Gaben nur in der Seele und in keiner anderen Natur zu finden sind; die Seele entzieht sich jedoch jeder Wahrnehmung durch die Augen, das Feuer jedoch, das Wasser, die Erde und die Luft sind Körper und als solche wahrnehmbar.

51 Wer sich aber als Liebhaber von Vernunft und Weisheit bekennt, muss die ersten Ursachen notwendigerweise in der vernünftigen und weisen Natur suchen, dann die zweiten Ursachen in den Dingen, die andere zwangsläufig bewegen, während sie selbst von anderen bewegt werden. Daraus ersehe ich, dass wir von beiden Ursachenarten sprechen müssen, jedoch mit Unterscheidung zwischen denen, die mit Intelligenz Erzeuger der schönsten und besten Dinge sind, und denen, welche ohne Einsicht nur Unbeständiges und Wirres hervorbringen.

52 Von den die Augen betreffenden Hilfsursachen, dass sie nämlich die Kraft haben, welche sie nun einmal haben, ist

xuma autem eorum utilitas donata humano generi deorum munere deinceps explicetur.

meiner Ansicht nach in etwa genug gesagt; ihr außerordentlicher Nutzen, der dem Menschengeschlecht von den Göttern geschenkt wurde, soll im Folgenden erläutert werden.

Rerum enim optumarum cognitionem nobis oculi attulerunt. Nam haec, quae est habita de universitate oratio a nobis, haud umquam esset inventa, si neque sidera neque sol neque caelum sub oculorum aspectum cadere potuissent. Nunc vero dies noctesque oculis cognitae, tum mensium annorumque conversiones et numerum machinatae sunt et spatium temporis dimensae, et ad quaestionem totius naturae impulerunt.

Quibus ex rebus philosophiam adepti sumus, quo bono nullum optabilius, nullum praestantius neque datum est mortalium generi deorum concessu atque munere neque dabitur.

AUGE UND PHILOSOPHIE

Die Augen haben uns die Kenntnis der besten Dinge vermittelt. Denn dieser Vortrag, den wir über das Universum gehalten haben, wäre niemals erdacht worden, wenn weder die Gestirne noch die Sonne und der Himmel mit den Augen hätten erfasst werden können. Nun sind aber Tage und Nächte mit den Augen erkennbar, sodann haben die Umläufe der Monate und Jahre sowohl ⟨den Begriff⟩ Zahl hervorgebracht als auch die Dimension Zeit für Messungen erschlossen und so den Anstoß zur Erforschung des Weltalls gegeben.

Dadurch haben wir die Philosophie erhalten, das wünschenswerteste und hervorragendste Gut, das dem Menschengeschlecht von den Göttern als Gnadengabe zugestanden worden ist; eine bessere wird es niemals erhalten.

Mit Platon 47b 2 endet der Cicero-Text;
bei Platon geht der Dialog etwa 50 Oxoniensis-Seiten weiter bis 92c 9.

FRAGMENTA

1 Plato quidem plus ausus est dicere, elatum esse scilicet Deum gaudio mundi universitate perfecta.

(*Haec verba cum Plat. Tim. 37c* ἠγάσθη τε καὶ εὐφρανθεὶς ἔτι δὴ μᾶλλον ὅμοιον πρὸς τὸ παράδειγμα ἐνεποίησεν ἀπεργάσασθαι *possunt conferri, sed pro certo habere non possumus Ciceronem in his verbis delitescere).*
(Augustinus, Civ. Dei XI 21)

2 Curriculum neutro genere Cicero Timaeo: ratione igitur et mente divina ad originem temporis [curris] curriculum inventum est solis et lunae.
(Nonius 198,30)

3 Si dii minores, quibus inter animalia terrestria cetera etiam hominem faciendum commisit Plato, potuerunt, sicut dicit, ab igne removere urendi qualitatem, lucendi relinquere, quae per oculos emicaret …

(Haec verba cum Plat. Tim. 45b τοῦ πυρὸς ὅσον τὸ μὲν κάειν οὐκ ἔσχε τὸ δὲ παρέχειν φῶς … διὰ τῶν ὀμμάτων ῥεῖν *possunt conferri*).
(Augustinus, Civ. Dei XIII 18)

4 defenstrix quoque Cicero in Timaeo protulit addita ‘t’.
(Priscianus, G.L.K. 463.19 sq. ad Verg. Aen. 1,16)

FRAGMENTE

1 Plato geht sogar noch weiter und sagt, der Schöpfergott sei offenbar vor Freude »hingerissen« gewesen über die Vollendung des Weltalls. [Übers. C. J. Perl]
(Diese Worte können mit Plat. Tim. 37c verglichen werden: »... da empfand er (der Schöpfergott) Wohlgefallen daran, und in seiner Freude beschloss er denn, es (das All) noch mehr seinem Urbilde ähnlich zu machen«, aber wir können nicht sicher sein, dass sich hinter diesen Worten Cicero verbirgt. [Übers. F. Susemihl]

2 Im Neutrum findet sich das Wort *curriculum* in Ciceros Timaeus 29 (Plat. Tim. 38c 3: »Zufolge solcher ... Betrachtung und Überlegung Gottes in bezug auf die Zeit entstanden ... Sonne, Mond ...«). [Übers. F. Susemihl]

3 Wenn die kleineren Götter, denen Plato es anvertraute, unter den erdbewohnenden Lebewesen auch den Menschen zu schaffen, es, wie er sagt, vermochten, dem Feuer die Eigenschaft des Brennens zu nehmen, ihm aber die des Leuchtens zu lassen, welches durch die Augen herausleuchten solle ...
(Diese Worte können mit Plat. Tim. 45b 4 verglichen werden: »Soviel nämlich vom Feuer nicht die Eigenschaft hat zu brennen, sondern das milde Licht zu verbreiten, ... ließen sie (die νέοι θεοί) ... aus den Augen ausströmen«). [Übers. F. Susemihl]

4 Das Wort *defenstrix* hat auch Cicero unter Hinzufügung eines ›t‹ verwendet.

ANHANG

ÜBERLIEFERUNG UND TEXTGESTALTUNG

Zur Überlieferung

Der nicht erhalten gebliebene Archetypus unserer Handschriften wird in die Wende vom 8. zum 9. Jahrhundert datiert (R. Giomini, p. XIX). Er enthielt folgende Werke Ciceros:

De natura deorum, *De divinatione*, *Timaeus*, *De fato*, *Topica*, *Paradoxa Stoicorum*, *Lucullus*, *De legibus*. Von ihm leiten sich auf verschiedenen Wegen die wichtigsten Handschriften ab:

Vossianus 84, Leiden, s. IX med.
Vossianus 86, Leiden, s. IX med.
Vindobonensis Lat. 189, Wien, s. IX med.
Marcianus Lat. 257, Florenz, s. IX med.
Palatinus Lat. 1519, Vatikan, s. X–XI
Monacensis Lat. 528, s. X–XI, UB München
Heinsianus Lat. 118, Leiden, s. XI

Wichtig ist darüber hinaus

Vossianus Lat. Q 10, Leiden, der die von dem Neuplatoniker Chalcidius im 4. Jahrhundert n. Chr. geschaffene Übersetzung des Platonischen *Timaios* in Lateinische enthält (bis 53c 3). Das Platon-Studium beruhte im Mittelalter nahezu ausschließlich auf diesem Text.

Zur Zeit der Cicero-Gesamtausgabe durch Io. Casp. Orelli, Band IV,2, Zürich 1828, waren nur fünf Codices bekannt, die heute als unbedeutend beiseite bleiben:

cod. Regin. Lat. (1762), s. XII (deficit in cap. X),
cod. Rehdigerianus,
cod. Creuzeri, olim Uffenbachianus,
codd. duo Oxonienses.

Als um so beeindruckender darf die Leistung der Philologen gelten, die seit 1471 an der Emendation der Überlieferung gearbeitet haben: Ihr Text kommt dem heutigen Erkenntnisstand ziemlich nah. Allerdings hat man jetzt in der Regel sicheren Boden unter den Füßen, wo frühere Bearbeiter allein auf ihren Scharfsinn angewiesen waren.

Inkunabeln

1471 Rom
1474 Venedig
1477 Venedig
1475 Lorenzo Valla
1494 Venedig
1496 Venedig
1498 Mailand
1499 Bologna

Neueste Ausgaben

Eine vollständige Liste findet man auf den Seiten XXXVI f. der Teubner-Ausgabe von R. Giomini. Hier die des 20. Jahrhunderts:

O. Plasberg, Leipzig 1908
W. Ax, Leipzig 1938
Pini, o. O., 1965 (bei Giomini)
R. Giomini, Leipzig 1975

Zur Textgestaltung

Der Text umfasst rund 4300 lateinische Wörter.
Die vorliegende Ausgabe folgt der Textgestaltung durch R. Giomini.

Abweichungen:
§ 06 inveneris (*mit* **SV**, invenerit *Giomini*)
§ 08 putate (*mit Atzert*; putat *Giomini*)
§ 20 corpore (corpori *Giomini mit* **S**)
§ 27 ipse (*mit* **ABD**, ipsa *Giomini*)
§ 27 cuique (*mit* **ABV**, qoique *Giomini*)
§ 29 alterius (… ius *Giomini*)
§ 30 et ea celeritate (et *addidi*)
§ 34 expressa *mit Stephanus* (impressa *Giomini*)
§ 37 quibusque (quisque *Giomini*)
§ 38 ut opinor (*mit Stephanus*, opinor *Giomini*)
§ 38 eorum (*del. mit Stephanus*)
§ 52 mensium (*mit* **VF**, mensum *Giomini*)

In *favorem lectoris* wurden einige *-is*-Endungen in *-es* geändert, z. B. *pluris aut innumerabiles in plures aut innumerabiles* (12; weiterhin *quodsi* statt *quod si*, *quemadmodum* statt *quem ad modum*.

Streichungen wie Giomini:
§ 23 eadem partem praestant in extremis eademque superatum

§ 44 necessitate
§ 45 uni
§ 46 que (alios[que] *Giomini*)
§ 46 ad
§ 50 quae vim habeant frigoris et caloris

Die Satzzeichen sind vielfach geändert worden.

Das erste Wort eines jeden Satzes ist grundsätzlich großgeschrieben.

EINFÜHRUNG

Zum literarischen Werk

Vorlage

Dem *Timaeus* Ciceros liegt Platons Dialog *Timaios* zugrunde. Dieser gehört mit den Dialogen *Sophistes*, *Politikos*, *Philebos*, *Kritias* und den *Nomoi* in die letzte der vier Schaffensperioden Platons, also in die Jahre nach seiner Heimkehr vom dritten Syrakusaufenthalt (360 v. Chr.; siehe dazu auch Erläuterungen zu § 36 s. v. πλάνητες). Benannt ist das Werk nach dem Staatsmann und Pythagoreer Timaios aus Lokroi.

Bearbeitung durch Cicero

Ciceros Bearbeitung umfasst, wenn man von den durch die Überlieferung entstandenen Lücken absieht, Tim. 27d 4–47b 2, also etwa ein Viertel des Platon-Textes; seine Vorlage erwähnt Cicero im erhalten gebliebenen Text mit keinem Wort. Für die Datierung kommen die Jahre 45 bis 44 v. Chr. in Frage, in denen Cicero in fliegender Eile mehr als ein Dutzend Werke veröffentlicht hat. Die wichtigsten darunter sind im Jahr 45: *Academici libri*, *De finibus*, *Tusculanae disputationes*, 44: *De natura deorum*, *De divinatione*, *De fato*, *Cato maior*, *Laelius*, *Topica*, *De officiis*.
Aus Hinweisen in diesen Texten ergibt sich, dass der Timaeus im Jahre 45 v. Chr. entstand, und zwar

- nach den *Libri Academici* und nach den *Tusculanae disputationes*, in denen Cicero ein Werk über die pythagoreische Lehre ankündigt (5,10),
- aber vor *De natura deorum*, wo der *Timaeus* erwähnt wird (1,30).

Gestützt wird diese Datierung durch das Todesjahr des P. Nigidius Figulus (45 v. Chr.).

Im Laufe des 13. bis 15. Jahrhunderts hat der *Timaeus* verschiedene Untertitel erhalten:

- De cosmi sive mundi creatione *Parisinus Lat. 633* s. XIII,
- De essentia seu productione mundi *Ambrosianus Lat. E 15*
- De universalitate *Rossianus Lat. 559*,
- De unversitate *Parisinus 662* (*in margine*).

Buchtitel wie *Cato maior de senectute* oder *Laelius de amicitia* mögen dazu angeregt haben. Dass Cicero beim *Timaeus* analog verfuhr, ist keineswegs undenkbar (s. § 52).

Sitz des Ciceronischen Timaeus *im Platonischen* Timaios

(Die von Cicero übersetzten – und erhalten gebliebenen – Partien sind fett gedruckt)

	Stephanus Seiten
	17 *Einleitung*
	18 ›Der Staat‹
	19
	20 Solon in Ägypten
	21
	22
	23
	24 Atlantis-Mythos
	25
	26
	27b

Steph.	Cicero	Steph.	Steph.
Teleologisches Prinzip		*Kausales Prinzip*	*Zusammenwirken*
27 (νοῦς)	**3– 4**	48 (ἀνάγκη)	69b (αἰτίαι)
28 Das All	**4– 6**	49 Vier Elemente	70 Körper des Menschen
29	**6–10**	50	71
30	**10–13**	51 Idee	72
31	**13–15**	52 Sein, Werden, Raum	73
32	**15–17**	53 Stereometrie	74
33	**17–20**	54 (*Platonische Körper*)	75
34	**20–22**	55	76 Pflanzen
35	**22–24**	56	77 Physiologie
36	**24–28**	57	78 Atmung
37	**28**	58	79
38 [*Lücken*]	**29–31**	59 Erscheinungsformen	80
39	**31–35**	60 der Elemente	81 Krankheiten
40	**35–40**	61 Sinneswahrnehmung	82
41	**40–43**	62	83
42	**44–48**	63	84
43 Empfindungen		64	85
44 [*Lücke*]		65	86
45 Auge		66	87
46	**49–52**	67	88 Arzneimittel
47b	**52**	68	89
		69a	90 Frauen
			91 Tiere
		92c *Abschluss*	

Diese Gliederung folgt im wesentlichen der von Dietrich Mannsperger in Kindlers Literatur-Lexikon angegebenen.

Lücken

Ciceros Text setzt nicht mit dem Beginn der Platonischen Vorlage ein, sondern lässt deren Einleitungsteil mitsamt dem Atlantis-Mythos beiseite und beginnt sogleich mit dem Thema »Weltall«. Dieser Befund entspricht mit großer Wahrscheinlichkeit Ciceros Absicht.

Seine Bearbeitung reicht aber auch bei weitem nicht bis zum Ende seiner Vorlage, sondern bricht mit (47b 2 – § 52) ab. Ob Cicero das so gewollt hat, ist die Frage. Dass er sich nicht scheute, das ihn weniger Interessierende schon zu Beginn wegzulassen, legt den Schluss nahe, dass er auch ein ihm zusagendes Ende suchte. Der Schlusssatz seiner Übersetzung stützt diese Vermutung: »Dadurch haben wir die Philosophie erhalten, das wünschenswerteste und hervorragendste Gut, das dem Menschengeschlecht von den Göttern als Gnadengabe zugestanden ist; eine bessere wird es niemals erhalten« (vgl. Tusc. 5,5).

Damit wäre Ciceros *Timaeus* kein Fragment. Gewissheit kann es freilich keine geben. Im übrigen schließt Platon an gleicher Stelle den ersten Hauptteil seiner Überlegungen ab.

Es stellt sich die Frage, was in der Lücke zwischen § 2 und 3 gestanden haben mag. Man darf vermuten, dass da die Aufgaben verteilt wurden (s. § 7: *vos qui iudicetis*) und dass Kratippos die peripatetische Auffassung zu vertreten hatte, Cicero die akademische. Gleich im ersten Satz bekennt Cicero seine Ablehnung der Naturphilosophie, wie sie von den *physici* vertreten wird. In *De natura deorum*, *De divinatione* und *De fato* wird er seine Kritik an ihnen systematisch fortsetzen. In dem vorliegenden *Timaeus*-Text bleibt er stumm. Das Wort hat ausschließlich Nigidius; es gibt keinen Einwurf eines der anderen Teilnehmer. Freilich ist das bei Platon ähnlich: Ein einziges Mal (29c 4–6) meldet sich Sokrates, aber nur, um Timaios zum Weitersprechen zu ermuntern.

Die Lücken bei § 28 und § 48 sind durch Verstümmelung entstanden. Die erhalten gebliebenen Fragmente lassen sich in sie einordnen.

Qualität der Übersetzung

Mit der Übersetzung des *Timaios* wollte Cicero den Römern einen weiteren Zugang zur griechischen Philosophie eröffnen. Darauf zielt wohl auch die Verlegung des Dialogs in die eigene Zeit.

Die Übersetzung wird gern als »ziemlich wörtlich« bezeichnet. Das mag angehen, wenn man darüber hinwegsieht, dass Cicero Zusätze eingefügt und durch Auslassungen und Missverständnisse manches verundeutlicht wiedergegeben hat. Der gebildete römische Leser wird damit zurechtgekommen sein; man wird aber fragen dürfen, wie es dem erging, der den griechischen Text nicht danebenlegen oder ihn vielleicht gar nicht lesen konnte.

Da der lateinischen Sprache wichtige Wörter fehlen, musste Cicero sich auch als Sprachschöpfer betätigen: § 13 (ἀναλογία), § 17 (σφαιροειδής), § 23 (μεσότης), § 27 (ἁρμονία), § 31 (ἕλιξ), § 35 (ἀέριος), § 37 ἄξων. Bedauerlicherweise scheute er sich, das Wort κόσμος ins Lateinische einzuführen (zuerst bei Paulinus, *Adversus paganos* 194, 196); er bot dafür (Platon folgend) *omne igitur caelum sive mundus, sive quo alio vocabulo gaudet, hoc a nobis nuncupa-*

tus sit (§ 4). Für einen so wichtigen Begriff wäre – aus unserer Sicht – ein einheitlicher Terminus hilfreich gewesen.

Im übrigen hat Cicero, was puritanische Kritiker freilich tadeln könnten, in das Werk auch eigene Gedanken eingebracht und ihm durchaus seinen eigenen Stil aufgeprägt. Ein Beispiel (33b 4 – § 17):

... et globosum est fabricatus	
quod σφαιροειδὲς *Graeci vocant,*	διὸ καὶ σφαιροειδές,
cuius omnis extremitas	ἐκ μέσου πάντῃ πρὸς τὰς τελευτὰς
paribus a medio radiis attingitur,	ἴσον ἀπέχον,
idque ita tornavit, ut	κυκλοτερὲς αὐτὸ ἐτορνεύσατο,
nihil efficere posset rotundius.	πάντων τελεώτατον
nihil asperitatis ut haberet,	
nihil offensionis,	
nihil incisum angulis,	
nihil anfractibus,	
nihil eminens,	
nihil lacunosum,	
omnesque partes ⟨essent⟩	ὁμοιότατόν τε αὐτὸ ἑαυτῷ
simillimae omnium,	σχημάτων,
quod eius iudicio praestabat	νομίσας μυρίῳ κάλλιον
dissimilitudini similitudo.	ὅμοιον ἀνομοίου.

Nachwirkung

Die Nachwirkung des Platon-Dialogs war enorm. Da das europäische Mittelalter von den Werken Platons zunächst nur den Timaios kannte, galt er als Platons Hauptwerk. In Raffaels »Schule von Athen« (1509/1511) hält Platon ihn den Ethika des Aristoteles entgegen.

Man kannte den *Timaios* freilich nur in der lateinischen Übersetzung durch den Neuplatoniker Chalcidius (4. Jh.

n. Chr.). Die ältesten Codices mit Ciceros Übersetzung stammen aus dem 9. Jahrhundert, der erste Druck aus dem Jahr 1471.

Die Gesamtheit der Werke Platons wurde im Westen v. a. im Zusammenhang mit der Bedrohung Konstantinopels durch die Türken bekannt. Marsilius Ficinus übersetzte sie 1483 f. ins Lateinische, Aldus Manutius brachte 1513 die Editio princeps des griechischen Textes heraus.

Ob man so weit gehen kann, für den Verfall der Naturphilosophie seit der Antike Platon, in Sonderheit seinen *Timaios* verantwortlich zu machen, erscheint etwas gewagt: »Was im Mittelalter herrschte, war letztlich die Denkform des platonischen ›Timaios‹, nicht die der aristotelischen ›Physik‹« (O. Gigon). Schließlich war doch das Werk des Aristoteles viel früher als das des Platon im Westen bekannt geworden, v. a. durch den Kreuzzug von 1202–1204: Der Dominikaner Wilhelm von Moerbeke (1215–1286) übersetzte einige Werke des Aristoteles neu und revidierte ältere Werke. Thomas von Aquin (1225–1274) leitete die Synthese mit der christlichen Theologie ein, aus der die Scholastik hervorging. Im 13. Jahrhundert und auch in folgenden 200 Jahren wusste man von Platons Lehre wenig, bis eben auf die *Timaios*-Übersetzungen. Mit gewissen Einschränkungen zustimmen kann man aber O. Gigons Warnung, »dass gerade der ›Timaios‹ eine äußerst gefahrvolle Einladung bedeutet, die Frage nach dem Wesen des Kosmos und des Menschen in erhabenen Metaphern untergehen zu lassen.« Die Gefahr lag wohl eher in der Aufwertung der Astrologie.

Zum Lehrinhalt: A. Grundgedanken

Wenn man sich mit Ciceros *Timaeus* befasst, beschäftigt man sich letztlich immer mit Platon. Beschränkt man nun – bei allem Respekt vor Ciceros Übersetzungsleistung – den Blick auf die Platonische Textvorlage, so steht man vor einem sehr komplexen Gedankenkonstrukt:

- Auf der einen Seite werden Sätze aus der Logik (darunter v.a. als *argumentum argumentorum*: Es gibt kein ursachenloses Geschehen) aufgebaut und die eine Gottheit charakterisierenden oder ihr zuzuschreibenden Eigenschaften ins Feld geführt, gegen die man nichts einwenden kann.
- Auf der anderen Seite werden Phänomene des existierenden Universums, deren Deutung in der damaligen philosophischen Diskussion als unbestritten oder wenigstens als wahrscheinlich galt, als Absichten des Wirkens eines Demiurgos oder wenigstens als Folgen seines Wirkens interpretiert.
- Zwischen diesen beiden Dämmen wird das Vorgehen des Weltenschöpfers gewissermaßen kanalisiert und zum Transport pythagoreischer Grundgedanken (bei maligner Interpretation: zum Betreiben pythagoreischer Mühlen) gezwungen.

Durch den ständigen Bezug auf die beiden »Uferdämme« – Abstraktion und Empirie – wächst dem vorgetragenen Weltbild fortwährend Glaubwürdigkeit zu. Paradoxerweise wird diese noch dadurch verstärkt, dass Timaios (bzw. Nigidius) sie selbst in Frage stellt und sich mit einer Wahrscheinlichkeitshoffnung begnügt.

In Wirklichkeit ist der Sprecher mit geradezu sektiererischer Hartnäckigkeit darauf aus, seine Vorstellungen durch ständige Wiederholung im Gedächtnis des Lesers zu verankern. Um im Bilde zu bleiben: Bei jeder der vielen in den Kanal eingebauten Kaskaden wird die Vorstellung von einem vorzeitlichen *idem* und *alterum* neu eingespeist. Man könnte auch von einem Spiralgang der Gedanken sprechen. Sie winden sich empor und halten dabei den Grundgedanken, Spirale für Spirale unter jedesmal erweitertem Aspekt variiert, präsent.

Merkwürdigerweise lässt Platon gegen alle Dialoggewohnheiten seinen Pythagoreer so gut wie ohne jeden Einwand predigen. Was mochte ihn bewogen haben, einer nicht in seiner Akademie entstandenen Lehre Gehör zu verschaffen? Man kann sich das nur damit erklären, dass er, immer schon zur Mathematik neigend, manches aus dem pythagoreischen Gedankengut durchaus schätzte und es in seine Lehre weiter einzubeziehen bereit war.

In einer Zeit so lange nach der sog. sokratischen Wende, die in der Abkehr von der vorsokratischen Kosmologie bestand, ist dieser Rückgriff erstaunlich. Der *Timaios* signalisiere Platons »entschlossene Hinwendung zur Kosmologie«, stellt A. Lesky fest. Dies wohl, aber eben nicht zur »alten« Kosmologie der Milesier und ihrer Fortsetzer, sondern zu einer völlig neuen, sich einer Fachwissenschaft nähernden: *numerorum naturam vimque cognoscere* (§ 31) war das neue Programm, getragen von der trotzigen Gewissheit: *ac tamen illud perspici et intellegi potest* – früher Vorbote einer Mythologie-Dämmerung.

Noch erstaunlicher ist dieses Gewährenlassen freilich bei Cicero, der doch ausdrücklich vorhat, *contra physicos* zu schreiben, und sogar die Methode nennt, nach der er dabei vorgehen will (*Carneadeo more*). Im erhalten gebliebenen

Text findet sich allenfalls eine Spur von karneadeischer Skepsis in 10: *si modo investigari aliquid coniectura potest.*

Zum Zeitprofil

Jeder Autor kann nur linear erzählen. Das gilt erst recht, wenn es um die opistophetische Aufklärung von Vorgängen geht, die vor dem Auftreten von (geschichtsschreibenden) Menschen liegen. Durch die im *Timaios/Timaeus* entwickelte kühne Vorstellung, der Schöpfergott habe die Zeit zu einem bestimmten Zeitpunkt erschaffen, entsteht eine *ante-/post*-Gliederung des Schöpfungsprozesses.

ante:

- Vor aller Zeit ist die Gottheit (*deus, qui erat*); sie ›ist‹ ewig nicht nur im Sinne des Fehlens eines Endes, sondern auch eines Anfangs.
- Im gleichen Sinne ewig ist das Gegensatzpaar *idem* und *alterum*, wovon das eine die ewige Identität (mit sich selbst), das andere die Nicht-Identität (also die dauernde Veränderlichkeit) bedeutet.
- Hinzu kommen die Zahlen, die als Ideen zu verstehen sind, und das *exemplum/exemplar* als die Idee, der die Schöpfergottheit folgt (*imitatur*).
- Ewig (im Sinne von ohne Anfang) ist schließlich auch die Materie, d. h. das die vier Elemente in sich bergende Chaos.

post:

- Die Tätigkeit des Demiurgos setzt ein mit dem Ordnen des Chaos – sie hat das Ziel, einen Weltkörper zu schaffen – und mit der Erzeugung der Weltseele.

Die literarische Formung kann diese Vorgänge nur als zeitlich fortschreitendes Geschehen darstellen. Zwar weist der Sprecher ausdrücklich auf diese Zwangslage hin, doch nennt er keine Alternative, die z.B. in schlagartiger Gleichzeitigkeit bestehen könnte. So wird das Schöpfungsgeschehen (mit nahezu 200 meistens im Perfekt, in 11 Fällen merkwürdigerweise im Imperfekt verwendeten Verben oft sehr anthropomorphistischer Provenienz) in sorgfältig überlegte Einzelschritte gegliedert.

[Imperfekta: *iungebat* 13; *explebat* 23; *locabat* 23; *copulabat* 26; *faciebat* 26; *substernebat* 26; *faciebat* 35; *aequabat* 42; *permiscebat* 42; *sumebat* 26; *serebat* 46.]

- Die Schaffung der Zeit ist identisch mit der Ingangsetzung der Planetenläufe: Der Begriff ›Zeit‹ kann freilich erst von dem Moment an Sinn gewinnen, in dem die Zeit von einem lebenden Wesen, insbesondere vom Menschen wahrgenommen wird.
- Die Erschaffung solcher *animantia* erfolgt jedoch erst danach. Der Schöpfergott überträgt sie den *di iuniores*, also den traditionellen olympischen Göttern, die, unter Zusicherung ihres Weiterexistierens zu keineswegs ewigen Dämonen herabgestuft, sich um das Schicksal der Menschen zu kümmern haben, womit die Ethik aus der Kosmologie hergeleitet wird.

Pythagoreische Zahlenlehre

Für die Pythagoreer ist die Zahl so etwas wie die ἀρχή (οὗτοι τὸν ἀριθμὸν νομίζοντες ἀρχὴν εἶναι [VS 45 B 5 = Aristoteles, Metaph. A 5.986a 15], nach der die frühesten Vorsokratiker geforscht haben. Geradezu als heilig galt den Pythagoreern die sog. Tetraktýs (auch Tetrás), d.h. die Grundzahlen 1 bis 4, aber auch deren Summe 10.

Aus diesen Zahlen werden (ganzzahlige) Verhältnisse gebildet, die sich in den Tonintervallen finden lassen. So entspricht z.B. die Quint dem Zahlenverhältnis 3:2 oder die Quart dem von 4:3, der Ganzton 9:8, die Oktave 2:1 usw. bis hin zum Verhältnis 256:243 für das ›Leimma‹, mit dem man in den Problembereich des »Wohltemperierten Klaviers« vorstößt. Diese Werte wurden durch Messen der Saitenlängen von Musikinstrumenten gewonnen bzw. bestätigt.

Die entscheidende Leistung der Pythagoreer bestand nun darin, dass sie diese Intervalle auf die Berechnung von Planetenbahnen anwandten. Dieser Gedanke lebte bis zum Beginn der Neuzeit fort: Kepler († 1630) war insoweit noch ›Pythagoreer‹. Hinderlich war das Beharren auf dem geozentrischen Weltbild, in dem Sonne und Mond den Status von Planeten haben, während die Erde feststeht. Ob Platon von der Möglichkeit, die Dinge heliozentrisch zu sehen, wusste, ist fraglich. Wirklich belegt ist der Gedanke jedenfalls erst für Aristarch aus Samos (3. Jh. v. Chr.); durchgesetzt hatte er sich erst mit Kopernikus († 1543). Im *Timaios* werden die Abstände der Planeten von der im Mittelpunkt des Alls stehenden Erde als Intervalle im oben dargestellten Sinne verstanden. Dabei ist von ›Harmonie‹, nicht aber von der ›Brudersphären Wettgesang‹ die Rede.

Proportion und Harmonie

Im mathematischen Zusammenhang sind im *Timaios* zwei Begriffe von Bedeutung: die soeben erwähnte Harmonie und die Analogie. Sie garantieren den Zusammenhalt des pythagoreischen Alls und sein inneres Zusammenwirken.

Das griechische Wort ἀναλογία übersetzt Cicero mit *proportio* bzw. *comparatio* (§ 13); Dieser Begriff wird zur Erklärung des Mischungsverhältnisses der vier Elemente bei der Konstruktion des Weltkörpers eingeführt. Zur Herstellung von Ordnung im regellos wogenden Chaos fügt der Weltenschöpfer zuerst Erde und Feuer zusammen. Hierunter sind die Prinzipien des Festen, Trockenen und des Leuchtenden, Wärmenden zu verstehen.

Nach der Vorstellung des *Timaios* bedarf man zum Zusammenfügen von zwei Materien eines Dritten (*omnia autem duo ad cohaerendum tertium aliquid anquirunt et quasi nodum vinculumque desiderant*). Dieses *quasi vinculum* ist jedoch nicht materieller Art; es besteht vielmehr im richtigen Mischungsverhältnis, eben in der ἀναλογία. Auf diese Weise entsteht letzlich die angestrebte Einheit (*efficitur, ut omnia sint unum*).

Was für die Herstellung von Zweidimensionalität gilt, gilt auch beim Aufbau der dritten Dimension (*crassitudo* bzw. *soliditas*), nur sind hierbei immer zwei *vincula* vonnöten (*sed cum … solida … omnia uno medio numquam, duobus semper copulentur, ita contigit, ut …*). Hierbei ergibt sich das richtige Mischungsverhältnis wiederum nach dem Prinzip der *proportio*. Das angestrebte Ergebnis besteht in der Unauflöslichkeit der so entstandenen Mischung (… *ita apte cohaeret, ut dissolvi nullo modo queat nisi ab eodem, a quo est conligatus*).

Das griechische Wort ἁρμονία übersetzt Cicero (§ 27) mit *concentio*. Sie kommt ausschließlich der Weltseele zu: »Der Weltkörper ist sichtbar gestaltet; die Weltseele hingegen entzieht sich der Wahrnehmung durch das Auge. Einzig sie ist der Vernunft und der Harmonie (*concentio*, welche die Griechen ἁρμονία nennen) der ewigen und unter das Erkenntnisvermögen fallenden Dinge vollkommen mächtig. Sie ist das Beste von allem, was die überragende Schöpfergottheit hervorgebracht hat.« Die Erklärung hierfür liegt darin, dass die Weltseele aus den beiden Grundprinzipien *eadem alteraque natura* unter Beischluss von Materie (*ex eadem iunctus alteraque natura, adiuncta materia*) zusammengefügt ist, wobei ihre drei Bestandteile in proportionaler Mischung verfugt sind (*temperatione trium partium proportione compacta*).

Das pythagoreische Weltall ist als intelligentes Lebewesen konzipiert. Es ist in allen seinen Teilen nach im weitesten Sinn mathematischen Gesetzen konstruiert, die dem Ganzen Harmonie garantieren. Dies entspricht einem Grundanliegen Platons, das seit seinem *Phaidon* (85e 4–5, 92b 8 [Lyra/Harmonie] 92e 3, 94b 1 [Seele/Harmonie]) immer wieder anklingt.

Musiktheorie

Wenn man von der frühen Musik zur Zeit der homerischen Sänger und der frühen Lyrik absieht, kann man folgende Entwicklungsstufen annehmen, die getragen werden

- von den Atomisten, v.a. von Demokrit aus Abdera (gest. um 370 v.Chr.),
- von den Pythagoreern, v.a.
  Hippasos aus Metapont (5. Jh. v.Chr.),

Philolaos aus Kroton (5./4. Jh. v. Chr.) und
Archytas aus Tarent (4. Jh. v. Chr.,
- sodann von Platon aus Athen (428/427–348/347), v. a. in seinem *Timaios*,
- schließlich von dem an den Pythagoreern interessierten Peripatetiker Aristoxenos aus Tarent (354–300).

Nach der atomistischen Auffassung des Demokrit sind die Töne in Analogie zu Atomen vorzustellen. Die Annahme, die Oktave bestehe aus 72 gleichen Kleinintervallen, stimmt aber nicht zur musikalischen Realität; denn wenn man die Oktave arithmetisch in zwei Hälften teilt, fällt die Mitte auf keinen Ton, der mit den anderen Tönen konsonant ist.

Die Pythagoreer experimentierten zunächst mit dem sog. Monochord, einer Vorrichtung mit einer über einen beweglichen Steg gespannten Saite. Aus den Ergebnissen ihrer Messungen entwickelten sie ein mit ihrer Zahlentheorie vereinbares harmonisches System, das auf einer Tetraktys beruht.

Unter τετρακτύς ist die Summe der ersten vier Grundzahlen zu verstehen (1 + 2 + 3 + 4 = 10); aber auch die vier Proportionalterms (6 : 8 : 9 : 10), die den musikalischen Hauptintervallen entsprechen, werden als τετρακτύς bezeichnet (Plutarch 2.381f.)

1 .
2 . .
3 . . .
4 . . . .

[Nach K. Freeman, The Pre-Socratic Philosophers. A Companion to Diels, Fragmente der Vorsokratiker. Oxford ^{2}1959, S. 224, Anm. a.]

Ein anderes pythagoreisches Modell ordnet die Grundzahlen und ihre Potenzen in Form eines Lambda (Λ) an:

$$\begin{array}{ccccccc} & & & 1 & & & \\ & & 2 & & 3 & & \\ & 4 & & & & 9 & \\ 8 & & & & & & 27 \end{array} \quad = \quad \begin{array}{ccccccc} & & & 1 & & & \\ & & 2 & & 3 & & \\ & 2^2 & & & & 3^2 & \\ 2^3 & & & & & & 3^3 \end{array}$$

Ihrer Bestimmung der Intervalle zwischen den Tönen legten die Pythagoreer zunächst das Tetrachord (τετϱάχοϱδον) zugrunde, d. h. eine Abfolge von vier Tönen, deren beide äußeren zueinander im Verhältnis einer Quart (4 : 3) stehen. Die zwei dazwischenliegenden Töne wurden durch variable Intervalle – in moderner Notenschrift ggf. durch ♯ oder ♭ gekennzeichnet – definiert.

Der Pythagoreer Archytas aus Tarent entwickelte eine Proportionslehre, die er auf die Musiktheorie anwandte, und daraus eine Harmonielehre, die in die Berechnung der Ton-Intervalle mündete. Beides findet man im *Timaios* angesprochen. Archytas soll bei seinen Berechnungen der Überlieferung zufolge von Schnelligkeit des Schalls ausgegangen sein, während die übrigen sich mit der Abhängigkeit der Tonhöhe von der Länge einer Saite befassten.

Einblick in das Denken des Archytas gibt folgende Tabelle der Intervallverhältnisse (VS 47 A 16, bei Ptolem., Harm. 1, 13 p. 30,9 D.) (Man rechnete die Tonintervalle immer vom höheren Ton zu niedrigeren, also z. B. von E zu F in allen drei Tongeschlechtern 28 : 27):

		enharmonisch		chromatisch		diatonisch	
Intervalle	A	1512		1512		1512	
			} 5 : 4		} 32 : 27		} 9 : 8
	G	1890		1792		1701	
			} 36 : 35		} 243 : 224		} 8 : 7
	F	1944		1944		1944	
			} 28 : 27		} 28 : 27		} 28 : 27
	E	2016		2016		2016	

(Die neben den Intervallen angegebenen vierstelligen Zahlen ergeben sich durch Multiplikationen bzw. Divisionen; z.B. 1890 : 1512 = 1,25 = $^5/_4$; 1890 × 36 = 68040, 68040 : 35 = 1944.)

Rechenmodus $^5/_4 \times {}^{36}/_{35} \times {}^{28}/_{27} = {}^4/_3$ $\quad$ $^{32}/_{27} \times {}^{243}/_{224} \times {}^{28}/_{27} = {}^4/_3$ $\quad$ $^9/_8 \times {}^8/_7 \times {}^{28}/_{27} = {}^4/_3$

Man erkennt hierin das Tetrachord: Das Intervall zwischen A und E ist immer 2016 : 1512 (= 4 : 3), also die Quart. Je nach Gestaltung der Intervalle G zu F und F zu E ergibt sich das enharmonische, das chromatische oder das diatonische Tongeschlecht.

Das dargestellte Beispiel stellt einen relativ unkomplizierten Fall vor. Es gibt aber nicht nur die schon genannten drei Tongeschlechter (enharmonisch, chromatisch, diatonisch), sondern auch drei Tonarten (dorisch, phrygisch, lydisch) mit Untertonarten (z.B. äolisch), die mit dem Intervall $^{256}/_{243}$ nicht auskommen, also nach noch kleineren Intervallen verlangen:

P h i l o l a o s bezog die Oktave ein; sie ergibt sich aus zwei durch einen Ganzton getrennten Tetrachorde (διεζευγμένα: $\underline{\text{e' d' c' h}}$ || $\overline{\text{a g f e}}$. Das Pendant (συνημμένον) wäre ein gemeinsamer Ton: $\underline{\text{d' c' h'}\ \overline{\text{a}}}\,\overline{\text{ g f e}}$)

Über die Theorie des Philolaos sind wir verhältnismäßig gut unterrichtet (VS 44 B 6,16ff.):

»Die Größe der Harmonie (*Oktave 1 : 2*) umfaßt die Quarte (*3 : 4*) und Quinte (*2 : 3*). Die Quinte ist aber um einen Ganzton (*8 : 9*) größer als die Quarte. Denn von der Hypate (*E*) bis zur Mese (*A*) ist eine Quarte, von der Mese zur Nete (*E'*) eine Quinte, von der Nete zur Trite (*H*, später *Paramese*) eine Quarte, von der Trite (*H*) zur Hypate (*E*) eine Quinte. Zwischen Trite (*H*) und Mese (*A*) liegt ein Ganzton. Die Quarte aber hat das Verhältnis 3 : 4, die Quinte 2 : 3.

So besteht (nach ihm)
- die Oktave aus fünf Ganztönen und zwei Halbtönen (πέντε ἐπόγδοα καὶ δύο διέσιες), [$5 \times 9/8 + 2 \times 256/243$]
- die Quinte aus drei Ganztönen und einem Halbton (τρία ἐπόγδοα καὶ δίεσις), [$3 \times 9/8 + 256/243$]
- die Quarte aus zwei Ganztönen und einem Halbton (δύ' ἐπόγδοα καὶ δίεσις).« [$2 \times 9/8 + 256/243$]

[Übers. H. Diels/W. Kranz]

Alle Töne werden sodann durch Kombination der ›Urzahlen‹ konstruiert,
- so der »Ganzton« (τόνος) 9 : 8 als Differenz Quart – Quint, [Rechenmodus $3/4 : 2/3 = 9/8$]
- der »kleine Halbton« (δίεσις) 256 : 243 als Differenz Quart – 2 Ganztöne. [Rechenmodus $4/3 : (9/8)^2 = 256/243$].
- Die Zahl 27 schließlich gibt das Verhältnis 27 : 1 als Summe von 4 Oktaven und 1 großen Sext an und damit den Umfang aller Töne vom tiefsten bis zum höchsten überhaupt hörbaren (vom großen G bis zum e''').

[Nach E. Frank, S. 163ff.]

An einem Tonbeispiel kann man sich die Struktur der Oktave wie folgt vorstellen:

$$\underline{a' - g' - f' - e'}\!\!\overline{- d' - c - h - a}$$

$$\underbrace{\frac{9 \times 9 \times 256}{8 \times 8 \times 243}}_{4/3 \text{ (Quart)}} \times \underbrace{\frac{9 \times 9 \times 9 \times 256}{8 \times 8 \times 8 \times 243}}_{3/2 \text{ (Quint)}} = \underset{\text{(Oktave)}}{2/1}$$

Teilung des Ganztons anhand eines Tonbeispiels:

<table>
<tr><td>F bis G</td><td>|---------------------------|</td><td>Ganzton</td><td>(27)</td></tr>
<tr><td>F bis Fis</td><td>|-------------|</td><td>Leimma</td><td>(13) = Diesis 256 : 243</td></tr>
<tr><td>Fis bis G</td><td>|--------------|</td><td>Apotome</td><td>(14) 2187 : 2048</td></tr>
<tr><td>Fis bis Fis*</td><td>|-|</td><td>Komma</td><td>(1)</td></tr>
<tr><td>Fis* bis G</td><td>|-------------|</td><td>Leimma</td><td>(13) s.o.</td></tr>
</table>

Der Unterschied zwischen großem und kleinem Halbton heißt ›Komma‹, dessen Hälfte ›Schisma‹.
Diese Unterteilungen finden sich bei Boethius, Inst. Mus. III 5 p. 276,15 Friedl. (= VS 44 A 26) und Inst. Mus. III 8 p. 278,11 Friedl. (= VS 44 B 6, S. 410,4–10). Bei Platon/Cicero spielen sie keine Rolle.

Hinter all diesen Konstruktionen steht der Wille des Pythagoreer, das Axiom der ganzzahligen Verhältnisse gegen den Einbruch irrationaler Zahlen abzuschotten: die apollinische Kithara im Streit mit der dionysischen Flöte (Aulos).

Platon hatte die pythagoreische Musiktheorie bei seinen Aufenthalten in Unteritalien und Sizilien kennengelernt. Er bezog sie in sein System ein, zielte dabei jedoch nicht auf die musikalische Praxis, sondern auf das mathematische Problem der Teilung einer absoluten, nicht auf bestimmte Töne festgelegten diatonischen Oktave. Dass die arithmetische Teilung, bei der zwei gleiche Intervalle entstünden, einen Irrweg darstellte, war bekannt. Bei der harmonischen Teilung der Oktave entstehen zwei ungleiche Intervalle, nämlich die Quart (4 : 3) und die Quint (3 : 2). Die ihnen entsprechenden Töne sind ›konsonant‹. In seinem *Timaios* referiert Platon die Zahlenverhältnisse der Hauptkonsonanzen:

Oktave	1 : 2	(Diapason – διαπασῶν)
Quint	3 : 2	(Diapente – διαπέντε)
Quart	4 : 3	(Diatessaron – διὰ τεσσάρων)

Nur diese Konsonanzen galten ihm als wahre Konsonanzen; sie erfüllten die Bedingungen eines von Timaios postulierten Gesetzes, nach dem sie entweder »vielfache« Verhältnisse (d.h. der Zähler ist ein Vielfaches des Nenners) darzustellen hatten oder »überteilige« (d.h. der Zähler ist um 1 größer als der Nenner).

Die Terz (5 : 4) wurde (gegen Archytas bis hin zu Ptolemaios, Harm., p. 13,25 D.) nicht als konsonant anerkannt, wohl weil die 5 nicht ins Lambda-Modell passt.

In den Rang einer Wissenschaft wurde die Beschäftigung mit den verschiedenen Musiktheorien durch den Aristotelesschüler Aristoxenos aus Tarent erhoben. Von seinen angeblich 453 Schriften ist in dieser Hinsicht das wichtigste die ›Harmonik‹ (Ἁρμονικὰ στοιχεῖα).

Boethius (480–524) wurde zum Vermittler für das westliche Mittelalter. Leider ist sein Werk *De musica* nicht vollständig erhalten geblieben.

Astronomie

Die Anfänge der abendländischen Astronomie liegen außerhalb der Grenzen Europas, in Ägypten und in Babylon.

Die Astronomie Ägyptens regelt unseren Alltag bis heute, denn bis heute gilt im Prinzip das ägyptische Sonnenjahr, wie es von C. Iulius Caesar 46 v. Chr. für Rom eingeführt und durch Papst Gregor XIII. im Jahre 1582 nachgebessert wurde.

Man nimmt an, dass die Ägypter, die ihre durch die jährlichen Nilüberschwemmungen verwüsteten Felder immer wieder neu vermessen mussten, ein dem sog. pythagoreischen Lehrsatz zumindest nahekommendes Verfahren entwickelt haben, also mit rechtwinkligen Dreiecken umzugehen wussten.

Die Babylonier haben, wie zahlreiche Funde von Keilschrift-Tontafeln beweisen, seit dem 8. Jahrhundert v. Chr. sehr gewissenhaft Sterndaten gesammelt und auf Listen festgehalten, nicht zuletzt, um Mond- und Sonnenfinsternisse vorhersagen zu können. Man nimmt an, dass die Herrscherhäuser Interesse an der Pflege solcher (Geheim-) Kenntnisse hatten, um den ungebildeten Untertanen ihre nahe Verbindung zu den Göttern beweisen zu können. Babylonischer Ursprung wird jedenfalls für die 360°-Einteilung des Himmels samt der Gliederung in 12 Tierkreiszeichen, die die Konstruktion des gleichseitigen Dreiecks voraussetzt, angenommen. Auch die Ekliptik als vom Äquator abweichende Bahn der Sonne war den Babyloniern bekannt.

In keinem der beiden Kulturkreise kam es jedoch zur Entwicklung eines Weltbildes, in dem die Erde im Mittelpunkt eines sphärisch kreisenden Himmels stand. (Nach J. Teichmann)

Eine völlig neue Sicht der Dinge entwickelte sich, als bei den Griechen die ersten Naturphilosophen auftraten. Wenn man das mythische Weltbild der Homerischen Epen (um 750 v. Chr.) – die Erde eine vom Ozean umflossene Scheibe – mit dem Weltbild Anaximanders (um 570 v. Chr.; 12 A 11.12) vergleicht – er ließ die Erde bereits frei schweben, auch die Konstruktion einer σφαῖρα traute man ihm zu –, ahnt man das Ausmaß des Erkenntniszuwachses. Dazu trug nicht zuletzt die Kolonisationstätigkeit der kleinasiatischen Griechenstädte mit ihren vielen Verbindungen über den gesamten Mittelmeerraum hin, darunter auch nach Ägypten und in den Nahen Osten, viel bei.

Mit Aristoteles aus Stageira (384–322 v. Chr.) und seiner peripatetischen Schule entstand ein gänzlich neues Weltbild, um dessen wissenschaftlichen Ausbau sich insbesondere Eudoxos aus Knidos (391–337 v. Chr.) verdient gemacht hat. Er gilt manchen als größter aller Mathematiker überhaupt.

Zwischen den sog. Vorsokratikern und dem Peripatos liegt die Entstehung der Akademie als Wirkungsstätte Platons (426/427–348/347). Als eines seiner Spätwerke ist dort (nach 360 v. Chr.) der Dialog *Timaios* entstanden. Platon hat dieses Werk nach einem Pythagoreer, Timaios aus Lokroi, benannt, und in der Tat hat Platon damit wichtige Elemente der pythagoreischen Lehre in sein philosophisches Denken integriert.

Die Bereitschaft dazu rührt von seiner Begegnung mit dem Pythagoreer Archytas aus Tarent (4. Jh. v. Chr.)

her. Ihn hatte er bei seinen Reisen nach Sizilien näher kennengelernt, und ihm verdankte er auch seine Rettung, als er mit Dionysios II., dem Tyrannen von Syrakus, in Konflikt geraten war.

Platons Interesse gehörte nun nicht der Musik als solcher, sondern den mathematischen Teilungsverhältnissen, also gewissermaßen einer absoluten, abstrakten Musik. Dies führte ihn dazu, die musikalischen Intervalle in die Astronomie zu übertragen und zur Vorstellung einer »Sphärenharmonie« auszubauen. Die sieben Planeten entsprechen den sieben Tönen der Tonleiter. Wie deren Intervalle verhalten sich auch die Abstände der Planetenbahnen voneinander, und in ihren kreisenden Umschwüngen vollführen sie eine Himmelsmusik, die der Mensch nur deshalb nicht wahrnimmt, weil er von Geburt an an sie gewöhnt ist.

Natürlich erschöpft sich Platons Astronomie nicht in dieser Theorie. Er hat eine genaue Vorstellung von der Unendlichkeit des kugelförmig gedachten Weltalls; dessen Radius unendlich ist: Es gibt nichts außerhalb des Alls. Im Zentrum des Alls liegt die Erde, die äußerste Kugelschale bildet der Fixsternhimmel. Im Raum zwischen der Erde und dem Fixsternhimmel bewegen sich die sieben Planeten (zu ihnen zählt auch die Sonne) auf Kreisbahnen, die sich berechnen lassen; sie drehen sich zugleich um sich selbst, wie auch die Erde.

Neben dieser Vorstellung vom Raum spielt im *Timaios* die Definition des Begriffes ›Zeit‹ eine wichtige Rolle. Die Zeit ist mit der Schaffung des Alls, genauer: mit dem Ingangsetzen der Planetenumläufe, entstanden. Sonne und Mond liefern in ihrem regelmäßigen, also mit konstanter Geschwindigkeit sich vollziehenden Gang die Zeiteinheiten Tag, Monat, Jahr und Großes Jahr (etwa 26000 Sonnenjahre, in denen der Pol des Himmelsäquators einen Umlauf um den Pol der Ekliptik ausführt).

Die pythagoreische Interpretation formiert damals allgemein bekannte Tatsachen neu, indem sie die Phänomene ihrer Zahlentheorie unterordnet. Dies ist Gegenstand des Dialogs *Timaios*.

Zum Lehrinhalt: B. Schöpfungsprozess

Das Weltall ist nicht immer gewesen und nicht ewig, sondern in einem bestimmten Augenblick geschaffen und daher (von seinem Schöpfer) auch wieder zerstörbar.

Die Schöpfergottheit

Die Gottheit, die das All erschaffen wird, ist als personaler Gott gedacht. Diese Vorstellung ist monotheistisch; sie unterscheidet sich aber von der des Xenophanes (VS 21 B 24), der von seinem Gott sagt: οὖλος ὁρᾷ, οὖλος νοεῖ, οὖλός δέ τ' ἀκούει, deutlich durch seine geradezu handwerklichen Tätigkeiten.

Die Übersetzung verwendet verschiedentlich das Wort »Gottheit« zum einen, um die Unterscheidung von den *di iuniores* zu gewährleisten, zum andern um den Eindruck zu vermeiden, Platons Gott sei mit dem biblischen bzw. christlichen identisch. Die dem Griechischen entsprechende Wiedergabe mit »der Gott« würde nicht recht zum deutschen Sprachgebrauch stimmen.

Bezeichnungen der Gottheit:
deus *passim (15×)*
deus is, qui erat 20

deus ille aeternus 21
ille (haec ille dixit) 42

Eigenschaften der Gottheit:
optimus: quo nihil ab optimo et praestantissimo genitore melius procreatum. 27 – qui esset optimus 10
praestans: neque quicquam eius aedificatore praestantius 07
praestantissimus: quo nihil ab optimo et praestantissimo genitore melius procreatum 27
probitas: probitate videlicet praestabat 09
probus: si probus eius artifex 06. – probus … invidet nemini 09
providens: hunc mundum … esse … divina providentia constitutum 09

Vor der Schöpfung

1. Vor dem Schöpfungsakt, also vor der Entstehung dieser Welt existieren:
   1.1 die Gottheit
   1.2 das ewige und unbewegte Sein der Ideen (Idealzahlen, Tetraktys); daraus ableitbar die Vorstellung des ›Identischen‹ und des ›Anderen‹ (Einheit vs. wandelbare Vielheit). – Anschluss an Parmenides
   1.3 der ewige und unbewegte, aber ›nichtseiende‹ leere Raum, als Stätte des ›Werdens‹. – Anschluss an Heraklit
   1.4 die ewige, aber nie ›seiende‹, sondern stets ›werdende‹ Materie, (auch in Form der vier Elemente). – Anschluss an Empedokles;
   sie füllt den Raum in regelloser Bewegung; es gibt nur mechanische Bewegungen durch Stoßen bzw. Gestoßenwerden.

Schöpfungsakte

2. Erster Schöpfungsakt: Weltkörper (§§ 9–21)
   - 2.1 Die Gottheit als Weltenschöpfer (Demiurg)
   - 2.2 schafft den Weltkörper im Hinblick auf die ewigen, überräumlichen Ideen.
   - 2.3 Der Weltkörper ist strukturierte, aber tote (anorganische) Materie;
   - 2.4 Im Raum gibt es nur nach Maß und Zahl geregelte Bewegungen.
   - 2.5 Außerhalb des Alls existiert nichts.

Funktionen der Schöpfergottheit:

aedificator: eius mundi aedificatorem 07
artifex: si probus eius artifex 06
effector: effector mundi et molitor deus 17. – quorum ego parens effectorque sum. 40. – imitantes genitorem et effectorem sui 47
fabricator: ille fabricator huius tanti operis 06
genitor: quo nihil est ab optimo et praestantissimo genitore melius procreatum 27. – imitantes genitorem et effectorem sui 47
molitor: effector mundi et molitor deus 17
parens: illum … quasi parentem huius universitatis 06. – quorum operum ego parens effectorque sum 40
procreator: ille procreator mundi deus 26
ille, qui ista iunxit et condidit 18
is deus, qui omnia genuit 40. – is, qui cuncta composuit 47

3. Zweiter Schöpfungsakt: Weltseele (§§ 21–28)
   - 3.1 Die Gottheit erschafft die Weltseele, die sich als Prinzip des Lebens selbst zu bewegen vermag.
   - 3.2 Sie formt das Identische, das Wandelbare und die Materie gewaltsam (*vi*) zu einer Einheit (§§ 21.22).
   - 3.3 Das All wird so zu einem organischen Körper, zu

einem intelligenten Lebewesen geformt, das Kugelgestalt hat.

3.4 Es beginnt der Kreislauf ›des Identischen‹, die Idee der Einheit, des identischen Denkens (νοῦς), d.h. der Vernunft bzw. der Fixsternkugel,
und der Kreislauf ›des (nicht identischen) Anderen‹, der Vielheit, d.h. der richtigen Vorstellung (δόξα ἀληϑής) bzw. der Planetenbahnen.

Ziele des Schöpfungsaktes:

absolutum: et quod ex omni parte absolutissimum est 12. – effecit … perfectum atque absolutum ex absolutis et perfectis 20. – imperfecto autem nec absoluto simile pulchrum esse nihil potest 11. – ut hic mundus esset animanti absoluto simillimus … 12.

optimum: optimi speciem, quoad fieri potuit, efficit 50

perfectum: effecit … perfectum atque absolutum ex absolutis et perfectis 20. – ut mundus posset ex perfectis partibus esse perfectus 16.

praeclarum opus efficere 04

pulchritudo: pulchritudinem consequi 04

pulchrum: fas nec est nec umquam fuit quicquam nisi pulcherrimum facere ei, qui esset optumus 10. – inperfecto autem nec absoluto simile pulchrum esse nihil potest 11. – quod pulcherrimum in rerum natura intellegi potest et quod ex omni parte absolutissimum est 12

Wesen der Seele

»Die Seele ist ein Mischprodukt aus Körper- und Ideensein und steht daher zwischen beiden (Platon, Tim. 35a, Phaidr. 246a etc.): In der Seele wird das der Einheit Widerstrebende, ewig bewegte und **teilbare** Sein der Körperlichkeit (d.h. des Raumes) unter die Einheit der **unteilbaren** Idee gezwungen und gerade dadurch zur ›Harmonie‹ gebracht (Platon, Tim. 35b). Als **Einheit von Identität und Differenz** ist die Seele ihrem Wesen nach auch Selbstbewegung, aber als bewegt kann sie ihre Existenz doch nur im Raum haben (Platon, Leg. 893c): ›Nicht im Raum sind eben nur die Ideen und Zahlen‹ (Aristoteles, Phys. 209b 34ff., vgl. Platon, Phaidr. 247c).« (E. Frank, o.O., S. 101, Anm. 274)

Kosmos-Vokabular

alter – idem – omnis – similis – solus – totus – universusm – universitas

Das grundlegende Begriffspaar *idem* – *alterum* (ταὐτό – θάτερον) begegnet zuerst in Platons *Phaidon*, also einem Werk aus Platons erster Schaffensperiode, im Gespräch des Sokrates mit den Pythagoreern Simmias und Kebes (z.B. 78c 1–9 in Verbindung mit dem Gegensatzpaar σύνθετον – ἀσύνθετον).

ALTER

adjektivisch:

28 orbis illius generis alterius inmutatus et rectus omnia animo mentique denuntiat

als Genitivtribut zu natura:

22 ea cum tria sumpsisset, unam in speciem temperavit, naturamque illam, quam alterius diximus ...

29 ... alterius natura converteret, ut terram lunae cursus proxime ambiret (*Konjektur*)

IDEM

adjektivisch:

attributiv zu natura:

30 motu unius eiusdemque naturae velocissime movebantur

prädikativ bei esse, manere:

03 quod unum atque idem semper est ...

04 eam speciem, quae semper eadem est

27 eadem distinctio sit inter ea, quae gignumtur, et ea, quae sint semper eadem

28 ratio autem vera, quae versatur in iis, quae sunt semper eadem, et in iis, quae mutantur

28 cum autem in illis rebus vertitur, quae, manentes semper eadem, non sensu, sed intellegentia continentur

42 non ita incorrupta ut ea, quae semper idem, sed ...

substantiviert:

24 eoque motu, cuius orbis semper in eodem erat eodemque modo ciebatur, undique est eas circumplexus

25 eamque, quae erat eiusdem, detorsit a latere in dexteram partem

28 cum ⟨in⟩ eodem et in altero movetur ipsa per sese sine voce et sine ullo sono

36 duo genera motus, unum quod esset in eodem quodque et idem isdem de rebus atque uno modo cogitaret

41 teneat autem oportebit, ut ex eodem ne quid absit

in Verbindung mit similis, unus:

attributiv:

30 motu unius eiusdemque naturae, quae velocissime movebantur

33 eos permensus est idem et semper sui similis orbis

substantiviert:

06 idne, quod semper unum idem et sui simile, an id, quod generatum ...

31 ab eiusdem motu et eius, quod simile est

36 alterum quod in anticam partem a conversione eiusdem et similis pelleretur

45 conversionem, quam habebit in se ipse eiusdem et similis innatam

IDEM – ALTERUM

adjektivisch:

attributiv zu natura:

21 tertium materiae genus ex duobus in medium admiscuit, quod esset eiusdem naturae et quod alterius

25 amplexus orbem, illum eiusdem naturae, hunc alterius notavit

27 quippe qui ex eadem iunctus alteraque natura, adiuncta materia, temperatione trium partium

30 tunc ex alterius naturae motione transversa in eiusdem naturae motum incurrentia

attributiv zu genus:

27 discernitque, quid sit eiusdem generis, quid alterius, mentique denuntiat

substantiviert:

22 naturam illam, quam alterius diximus, vi cum eadem coniunxit

22 iam partes singulas ex eodem et ex altero et ex materia temperavit

28 cum ⟨in⟩ eodem et in altero movetur ipsa per sese sine voce et sine ullo sono

omnis 03.04.05.09.09.11.11.11.11.11.12.12.12.13.14.15.16.16.17.17.17.17.17.17.17.17.18.19.23.24.24.26.27.28.31.31.34.35.37.40.40.40.40.41.41.43.43.44.46.50

similis 06.11.12.12.31.31.33.35.36.45

solivagus 20

solus 12.25

totus 03.10.17.17.18.20.22.23.32.43.48.52

unigena 12

unus 03.06.12.12.12.16.17.21.22.22.30.31.36.36.36

universitas 06.43.52

universum 14.16.35

universus 11.16.42

Erschaffung der Menschen (§§ 46–48)

4. Das All wäre unvollständig, also kein All, wenn es nicht alles, also auch alle Lebewesen in sich schlösse.

   4.1 In Entsprechung zu den vier Elementen sind vier Arten von Lebewesen genannt:
   genus divinum, pinnigerum, aquatile, terrestre

   4.2 Dem Menschen ist eine Sonderstellung vorbehalten. Jeder erhält bei seiner erstmaligen Geburt vom Schöpfer die gleiche Startchance und jeder wird auf die Beachtung ethischer Prinzipien verpflichtet.

   4.4 Von aller weiteren Sorge um das Menschengeschlecht stellt der Schöpfer sich frei, indem er sie den ›jüngeren‹ Göttern (das sind die zu Dämonen herabgestuften, mit den Planeten gleichgesetzten olympischen Göttern) überträgt.

4.5 Ihnen teilt der Schöpfergott den benötigten Seelenstoff zu, der freilich von minderer Qualität ist.

Das fertige Weltall

5.1 Das Weltall ist ein Unikat (§ 12),

5.2 ist ein intelligentes, vernunftbegabtes Lebewesen (§ 10),

5.3 ist ein Gott, freilich kein ewiger, sondern ein von der Schöpfergottheit geschaffener (§§ 20.21),

5.4 ist ranghöher vorzustellen als die olympischen Götter, die, mit den Planeten identisch, für die Menschen verantwortlich sind (§§ 40.41.47).

5.5 Seine Hauptbewegung ist das Kreisen (§§ 19.26).

Intelligenz-Vokabular

Wiedergabe des Platonischen ›Intelligenz‹-Vokabulars durch
ratio – intellegentia – intellegere/ns – sapientia – prudentia – mens

ἀνόητος	10 inintellegens
ἀπόδειξις·	38 rationes certae
ἀποδείξεις ἀναγκαῖαι	
ἄλογος	03.45 ratio: rationis expers
διάνοια θεοῦ	29 mens divina
ἔμφρων	51 intellegens sapiensque
ἔννους	10 intellegens
ἐπιστήμη	51 sapientia
κατανοεῖν	33 intellegere
λογισμός·	17 ratio: hanc habuit rationem
διὰ τὸν λογισμὸν τόνδε	
λογισμός	10 intellegentia

λογισμοῦ μετέχων	27 rationis compos
λογιστικόν	28 intellegentia
λογίζεσθαι	10 rationem habere
λογίζεσθαι οὐ δυνάμενος	37 rationis expers
λόγος	50 intellegentia
λογός	03 ratio
λόγος ἀληθής	28 ratio vera
λόγος· ἐξ οὖν λόγου ...	29 ratione inventum
λόγος· λόγῳ κρατήσας	45 ratione depulerit
λόγος· λόγῳ περιληπτόν	07 ratio: quod ratione comprehenditur
νόησις	03 intelligentia
νοητά	27 sub intellegentiam cadentia
νοητά	11.12 ratio: qui ratione intelleguntur
νοούμενα	12 intellegere: quod intellegi potest
νοῦς	51 intellegentia
νοῦς	34 mens
νοῦς· μετὰ νοῦ	51 cum intellegentia efficientes
νοῦς· νοῦν ἔχον	10 intellegens
νοῦς· νοῦν οὐδένα ἔχειν	50 ratio: ratione carere
φρόνησις	7.35 sapientia
φρόνησις· φρονήσεως μονοθεῖσαι	51 prudentia vacantes

Keine wörtliche Entsprechung bei Platon haben:

7 rationis exordium; 11 ratione et intellegentia comprehendi; 23 intellegatur; 40 ratione vinctum; 44 ratione regere; 51 cum intellegentia efficientes

ERLÄUTERUNGEN

1

Libri Academici: Cicero hat dieses seit 46 v. Chr. geplante Werk zweimal umgeschrieben: Von den zwei Büchern der ersten Fassung (*Academici priores*, Mai/Juni 45 v. Chr.) ist das 2. Buch mit dem Titel *Lucullus* erhalten geblieben, von den vier Büchern der dritten Fassung (*Academici posteriores*, 23. bis 26. Juni 45 v. Chr.) der Anfang des 1. Buches samt einigen Fragmenten der weiteren Bücher. Die Arbeit am *Timaeus* scheint Cicero in unmittelbarem Anschluss an die *libri Academici* aufgenommen zu haben. Außer der Erwähnung im ersten Satz des *Timaeus* gibt es allerdings keinen zitierbaren Bezug zwischen den beiden Werken. – *gegen die Naturphilosophen (physici):* Das Wort *physicus* findet sich in den philosophischen Werken Ciceros 70mal – abgesehen von einem Vorkommen in *De re publica* (5.5) –, ausschließlich in den Werken der Jahre 45 und 44 v. Chr., besonders dicht in den *Libri Academici priores* (2,115–128) und *De natura deorum* (1,25–33). Der Kreis der in Ciceros Kritik Einbezogenen ist nirgends genau definiert. Hier, im *Timaeus*, ist Nigidius als »eifriger und sorgfältiger Erforscher (*investigator*) der Dinge« bezeichnet, »die von der Natur verhüllt zu sein scheinen«. Dem entspricht in *De natura deorum* 1,83 der *physicus* – in der Übersetzung durch O. Gigon – als »einer, der das Wesen der Natur zu erspähen und einzufangen sucht« (*speculator venatorque naturae*). – Zweifellos zählen auch die Pythagoreer zu den *physici*. Um so erstaunlicher ist es, dass Cicero in seinem *Timaeus* (wie schon Platon in seinem *Timaios*) den Pythagoreer ausführlichst zu Wort kommen lässt und sich – jedenfalls im vorliegenden Text – jedes kritischen Einwands enthält.

P. Nigidius [Figulus]: geb. um 100 v. Chr., stammte aus einer plebeischen Familie, wurde Senator und erreichte das Amt eines Praetors. Seine aktive Parteinahme für Pompeius trug ihm die Verbannung ein, in der er 45 v. Chr. gestorben ist. Bedeutender ist seine literarische Tätigkeit als Grammatiker (Hinweise bei Sueton) und Naturforscher (φυσικός). Man kennt von acht seiner Werke die Titel. Cicero, der mit ihm befreundet war, bezeichnet ihn im vorliegenden Paragraphen als Erneuerer der pythagoreischen Lehre. – *einem freien Mann angemessen:* Gemeint sind die *artes liberales*, die »Sieben freien Künste«. Zu ihnen zählen (als Trivium:) Grammatik, Dialektik, Rhetorik; (als Quadrivium:) Arithmetik, Geometrie, Astronomie, Musik. Nicht dazu zählen z. B. die Jurisprudenz und die Medizin. Eine Kanonbildung ist erst ab Seneca (ep. 88,1–20) zu beobachten.

Karneades: geb. 214/213 v. Chr. in Kyrene, wurde später athenischer Bürger. 129/128 ist er in hohem Alter gestorben. Er gehörte der Akademie in ihrer Mittleren Phase an und leitete sie als siebter Scholarch von 164/160 bis 137/136 v. Chr. Bekannt ist seine Teilnahme an der Philosophengesandtschaft des Jahres 155 v. Chr., wo er in Rom an einem Tag einen Vortrag hielt, in dem er die Gerechtigkeit verteidigte, und einen zweiten, in dem er sie verwarf. Darin zeigt sich seine dialektische Methode: *in utramque partem dicere* (Cicero, Ac. 1,7), aus der seine grundsätzliche Skepsis gegenüber der Zuverlässigkeit menschlicher Erkenntnis spricht. Schriften hat Karneades nicht hinterlassen.

Pythagoreer: Die Schule der Pythagoreer wurde von Pythagoras aus Samos gegründet. Von seinen Lebensdaten ist wohl nur das Jahr 532/531 gesichert, in dem er die von Polykrates beherrschte Insel Samos verließ und sich in Kroton (Unteritalien, *Magna Graecia* genannt) niederließ. Das sektenähnliche Wirken seiner Anhänger führte zu Reibereien mit der Nachbarschaft, die Pythagoras zum Umzug nach Metapontion zwangen. Dort ist er um 497/496 verstorben. Er wurde von seinen Schülern als der vollkommene Weise verehrt. –

Die Lehren der Pythagoreer betreffen zum einen Probleme der Ethik (κάθαρσις, σωτηρία), zum andern die Mathematik und die Harmonie. Bekannt ist noch heute der sog. pythagoreische Lehrsatz. Wenigstens ebenso folgenreich waren die Experimente mit dem Monochord, einem mit nur einer Saite bespannten Messgerät. Ausgehend von der aus der musikalischen Praxis bekannten Tatsache, dass zwischen der Länge einer Saite und der Höhe des erzeugten Tons ein Zusammenhang besteht, entdeckte man, dass die harmonischen Töne dem Verhältnis ganzer Zahlen zueinander entsprechen, z.B. die Oktave 1 : 2. Diese Lehre wurde bis in die Details weiter entwickelt und bis ins Spekulative getrieben. Platons *Timaios* (und damit auch Ciceros *Timaeus*) bilden eine wichtige, freilich nicht die einzige Quelle für unsere Kenntnis der pythagoreischen Lehre. – *ausgetilgt:* Die Unduldsamkeit der Pythagoreer führte zu harten Auseinandersetzungen mit den Nachbarstädten. So sollen sie im Jahre 510 v. Chr. von Kroton aus die nach ihren strengen Maßstäben sittenlose Nachbarstadt Sybaris überfallen und zerstört haben. Im Gegenschlag wurden die Pythagoreer angegriffen und in ihrem Lehrsaalgebäude in Kroton verbrannt. Nur zwei von ihnen seien dem Massaker entronnen. Damit war die Schule praktisch ausgetilgt. –

Für Platon lag diese Katastrophe rund 100 Jahre zurück. P. Nigidius hat die pythagoreische Schule nach nahezu einem halben Jahrtausend wiederbelebt.

2

Reise nach Kilikien: Durch einen Senatsbeschluss vom Februar 51 v. Chr. wurde Cicero das Prokonsulat in der Provinz Kilikien (an der Südostküste von Kleinasien) übertragen. Für Cicero bedeutete das eine unerfreuliche Überraschung, er musste sich praktisch abgeschoben fühlen. Ende April 51 v. Chr. reiste er ab. – *Ephesos:* an der Westküste Kleinasiens gelegen. – *Gesandtschaftsreise (des Nigidius):* Über diese *legatio* ist nichts Näheres bekannt. Das Treffen mit Cicero wird in den Juli 51 v. Chr. (wohl zu spät) datiert. – *Mytilene:* die größte Stadt auf der (der Ostküste Kleinasiens vorgelagerten) Insel Lesbos.

Kratippos: Philosoph aus Pergamon (im Nordwesten Kleinasiens). Mangels genauerer Daten wird er ins 1. Jahrhundert v. Chr. datiert. Nach seiner Übersiedelung nach Athen übernahm er die Leitung des Peripatos. In den Jahren 45/44 v. Chr. hörte Q. Cicero (der Bruder unseres Autors) ihn dort. Schriftliches hat sich bis auf ein wörtliches Zitat (De divinatione 1,70 f.) nicht erhalten.

Lücke zwischen den Paragraphen 2 und 3. Über den Inhalt dieser Lücke kann man nur Vermutungen anstellen. Gewiss vereinbarte man für das Gespräch einen locus amoenus. *Dort müssen die Rollen verteilt worden sein. Es ist kaum denkbar, dass nicht wenigstens eingangs von Platons Dialog* Timaios *die Rede war. Der Atlantis-Mythos wurde mit Sicherheit übersprungen.*

3 (Platon, Timaios 27d 6–28a 6)

was immer ›ist‹ – was … niemals ›ist‹: Mit Recht ist diese Grundsatzklärung an den Beginn der Untersuchung gestellt. Dem hier im Sinne des Parmenides prägnant gebrauchten Verbum ›sein‹, also ›existieren‹ entspricht die Ursprungslosigkeit. Alles Geschaffene hat hingegen einen Ursprung. – *Das eine – das andere (alterum – alterum):* Gemeint ist hier das ›immer Seiende‹ im Gegensatz zum ›nie

Seienden‹; es bereitet sich aber sogleich der im weiteren Verlauf des Gesprächs zu einer stereotypen Formel werdende Gegensatz ›Identität‹ (Einheit, Eins und immer das Selbe) – ›Nichtidentität‹ (Zweiheit, Vielheit, nie ein und dasselbe) vor. – An die Stelle der adversativen Korresponsion τὸ μέν – τὸ δέ (s. auch § 25) tritt ταὐτό – θάτερον / τὸ ἕτερον zur Unterscheidung zweier Wesenheiten; s. u. – *logisches Denken – Einbildung und vernunftlose Sinneswahrnehmung* (νόησις μετὰ λόγου – δόξα μετ' αἰσθήσεως): Damit wird die Welt der Ideen von der den Sinnen zugänglichen Welt der Erscheinungen geschieden. – *was insgesamt auf bloßer Vorstellung beruht* (*opinabile* – δοξαστόν) *ist:* Alles Gezeugte/Geschaffene geht auch wieder zugrunde, so dass ihm keine wirkliche Seinsqualität zukommt. – *muss … notwendigerweise aufgrund irgendeiner Ursache entstehen:* Gesetz der Kausalität. Es gibt kein ursachenloses Geschehen.

UNGESCHAFFEN – UNVERGÄNGLICH	GESCHAFFEN – VERGÄNGLICH
quod *semper sit*	quod … *nec umquam sit*
neque ullum habeat ortum,	gignatur
quorum alterum	alterum,
intellegentia et ratione	quod adfert *opinio et*
comprehenditur,	*sensus rationis* expers,
quod unum atque idem semper est;	quod totum *opinabile* est,
	id gignitur et *interit*
	nec umquam esse vere potest.

4 (28a 6–b 4)

der es unternimmt, ein Werk zu schaffen: Im griechischen Text steht hier das Wort Demiurg (δημιουργός); es bedeutet ursprünglich ›Handwerker‹; hier (neben Platon, Pol. 530a 6. 596b 6) erstmals im Sinne vom ›Schöpfergott‹

verwendet. – *Urbild:* Gemeint ist die Idee (*species*). Auf sie treffen die in Paragraph 3 entwickelten Gedanken zu: Sie ist ›immer dasselbe‹ (*semper eadem est*). Würde der Demiurg sich etwas Geschaffenes zum Vorbild nehmen, so müsste er sein Ziel verfehlen, ein *praeclarum opus* zu schaffen, das sich durch Schönheit (*pulchritudo*), d.h. durch Vollkommenheit, auszeichnet. Er schafft sein Werk »im Hinblick auf die ewigen Ideen.« (s. auch Aristoteles, Metaph. 991a 22). – *oder welche Bezeichnung … sonst:* Bedauerlicherweise entscheidet sich Cicero (wie Platon) hier nicht für einen eindeutigen Terminus. Für den Lateiner, dessen Vokabular für philosophische Themen sich erst in der Entwicklung befand, ergab sich die Gefahr von Missverständnissen.

5 (28b 4–c 3)
durch keinen Ursprung / an irgendeinem Zeitpunkt entstanden: Das All ist nicht ewiggeschaffen, sondern in einem bestimmten Augenblick geschaffen. – *Sinneseindruck (sensus moventia –* αἰσθητά*):* Da das All körperhaft ist, erregt es die Sinne (Auge, Tastsinn); solches hat seinen Sitz *im Bereich der Vorstellung* (*in opinatione considunt*); vgl. § 3: *quod adfert opinio et sensus rationis expers* sowie *quod totum opinabile est.* – Im Verlauf des Dialogs wird die *opinio* positiver gesehen: *tum opiniones assensionesque* f i r m a e v e r a e q u e *gignuntur* (§ 28). – *nichts ohne Ursachen:* s.o., § 3 a.E.

6 (28c 3–29a 4)
Schöpfer dieses Universums: deutliche Personifizierung. – *Frevel:* allgemeine religiöse Rücksichten oder eine Spur von Geheimlehre oder die Furcht vor einem Asebie-Verfahren? – *welchem Urbild … gefolgt:* Gemeint ist die Idee. –

was ›immer eins und das Selbe und sich selbst ähnlich‹ ist; s. § 3. – *geschaffen und entstanden:* s. § 3. – *vollkommen* (wörtlich: *schön*)*:* Für den Griechen besteht zwischen ›schön‹ (καλός) und ›gut‹ (ἀγαθός) ein sehr enger Zusammenhang (καλοκἀγαθία). – *Baumeister:* Demiurg. – *dem ewigen Urbild – einem entstandenen Modell gefolgt:* Ist durch das Vorausgegangene bereits geklärt. Die Gedanken des Verfassers kreisen mit großem Nachdruck um die in Paragraph 3 gelegten Grundlagen.

7 (29a 4–b 4)
er: der Demiurg. – *vernünftiges Denken und Erkenntnis (ratio sapientiaque* – λόγος καὶ φρόνησις*):* In Paragraph 3 war von *intellegentia et ratio* (νόησις μετὰ λόγου) die Rede. Gemeint ist, dass Gleiches von Gleichem erkannt wird. – *unveränderliche Ewigkeit:* Da das All als etwas Geschaffenes gedacht ist, kann sich diese Aussage nur auf das richten, von dem dieses All zusammengehalten wird (*comprehenditur*): durch die Idee, auf die der Demiurg beim Schöpfungsakt blickte (*quin aeternitatem maluerit exsequi*). – *dieses All, das wir sehen:* Es ist *undique corporatus* (§ 5), also von den Sinnen fassbar, aber ebendeshalb nur ein *Abbild* (*simulacrum* – εἰκών), und zwar *von etwas Ewigem. – die erste begriffliche Festlegung (prima distinctio* – ὧδε … διοριστέον*):* Damit ist der Gedankengang der Paragraphen 3–7 abgeschlossen.

Cicero hat einen Einwurf des Sokrates (Platon 29d 4–d 6), übrigens den einzigen im ersten Hauptteil des Dialogs, nicht übersetzt; es liegt keine Textlücke vor.

8 (29b 4–d 3)
ihrem Gegenstand entsprechen: Der Autor strebt eine Rechtfertigung seines letztlichen Ungenügens an. Ist von

einer *stabilen* und *unveränderlichen* Sache die Rede, so erwartet man mit Recht ein unwiderlegbares Ergebnis. Da aber nur *nachgeahmte und geschaffene* Gebilde behandelt werden können, muss man sich mit Ergebnissen zufrieden geben, denen bloße *Wahrscheinlichkeit* zukommt (*similitudo veri*; griech: εἰκότα). Abstrakter ausgedrückt: Ewigkeit (*aeternitas*; griech. οὐσία) verhält sich zu Entstandenem (*id quod ortum est*; griech. γένεσις) wie Wahrheit (*veritas*; griech. ἀλήθεια) zur Wahrscheinlichkeit (*fides* – eigtl. Glaubwürdigkeit; griech. πίστις). – *vom Wesen der Götter:* Cicero lässt den Werktitel *De natura deorum* (bei Platon περὶ θεῶν) anklingen. Er wird dieses Werk unmittelbar nach dem *Timaeus*, etwa Mitte März 45 v. Chr., fertiggestellt haben. – *nur ein Mensch:* Die berechtigte Bescheidenheitsgeste lässt den Rang des Themas und die Glaubwürdigkeit der Ausführungen entsprechend steigen.

9 (29d 7–30a 6)
nach dem Grund fragen: Das neue Thema wird nun angegangen. Der entsprechende Passus in *De natura deorum* 2,133: *Sin quis quaeret, cuiusnam causa tantarum rerum molitio facta sit …* – *Vollkommenheit:* Aus dieser Eigenschaft der Gottheit ergibt sich als Erstes, dass ihr Werk nur vollkommen sein kann. Das *Neid*-Motiv hat nur subsidiäre Bedeutung. Vgl. zu *pulcher*, § 6. – *dass es ihm gleiche: omnia sui similia generavit (*ὅτι μάλιστα … παραπλήσια ἑαυτῷ*):* ein bemerkenswerter Anklang an den biblischen Schöpfungsbericht (Gen. 1,27: κατ' εἰκόνα θεοῦ ἐποίησεν αὐτόν), der freilich von der Erschaffung des Menschen handelt. – *mit allem Guten zu erfüllen:* eine weitere Konsequenz aus der Vollkommenheit des Schöpfers. Vgl. Platon, Leg. 509b 6–10. – *alles, was da sichtbar war:* Gemeint ist die Materie. Dieser Gedanke eilt etwas voraus. – *in regelloser*

Bewegung: Der Zustand der (ewigen) Materie vor dem Eingreifen der Gottheit; vgl. Demokrit VS 68 A 39. – *aus dem ungeordneten Zustand in den der Ordnung überführen:* Darin besteht der erste Schöpfungsakt. – *hielt er für besser:* Dass Ordnung besser ist als Unordnung, ergibt sich als Zweites aus der Vollkommenheit der Gottheit.

10 (30a 6–c 1)
das Schönste: s. o., §§ 4.6. – *was von Natur aus sichtbar ist:* die Materie; s. o., § 9. – *vernunftlos – vernunftbegabt:* eine dritte Konsequenz aus der Vollkommenheit des Weltenschöpfers. – *Vernunft in die Seele – Seele ... in den Körper:* Es ist nicht vom Menschen die Rede, sondern vom Weltall! – *Mutmaßung (coniectura):* Ein prinzipieller Vorbehalt gegen die Stringenz von Mutmaßungen, wie er in den zeitnah entstandenen Werken *De divinatione* und *De natura deorum* häufig zu finden ist. Der griechische Text lautet im übrigen anders: »So darf man denn mit Wahrscheinlichkeit aussprechen ...« (οὕτως οὖν δὴ κατὰ λόγον τὸν εἰκότα δεῖ λέγειν); vgl. hierzu o., § 8. Cicero hat hier seine eigene Ansicht über die (der Wahrsagung nahestehende) *coniectura* eingefügt. – *dieses All ein Lebewesen*, also ein beseeltes (ἔμψυχον) Wesen: In dieser ungewöhnlichen Vorstellung liegt der Grundgedanke der im *Timaeus* vorgetragenen Weltschöpfungstheorie. – *vernunftbegabt*: *intellegens*, ἔννους; vgl. Platon, Phaidr. 246. – *durch göttliche Vorsehung begründet: divina providentia constitutum*, διὰ τὴν τοῦ θεοῦ γενέσθαι πρόνοιαν· »durch Gottes Vorsehung entstanden sein«.

11 (30c 2–d 1)
Nimmt man ... das als gegeben an: Das All ist ein beseeltes Wesen (s. § 10 a.E.). – *lebende Wesen:* den bekannten le-

benden Wesen haftet der Mangel an, dass sie *alle in gewisse Arten gegliedert* (*in quaedam genera partita*) *oder erst angelegt* (*inchoata*, ἐν μέρους εἴδει πεφυκότα), d.h. unvollkommen sind. – *Ähnlichkeit mit einem lebenden Wesen angestrebt:* Nach den vorangegangenen Ausführungen kann die Gottheit das Vorbild für das zu erschaffende All nicht in einem der bekannten lebenden Wesen gesucht haben, da diese »in keiner Weise vollendet sind«. Dies wird hier gewissermaßen im Umkehrschluss mit der Schönheit des Alls begründet (ἀτελεῖ γὰρ ἐοικὸς οὐδέν ποτ' ἂν γένοιτο καλόν), die sich nur aus Vollkommenem (also aus Ganzem und nicht aus Geteiltem) erklären lasse. – *Dem aber* (sc. dem Vollkommenen), *von dem jedes Lebewesen gleichsam nur ein Teilchen ist:* Während die bekannten Lebewesen als solche wegen ihrer »Zugehörigkeit zur Gattung der Teile« (ἐν μέρους εἴδει) als mögliche Bauvorlage zurückgewiesen werden, soll das Umgekehrte gelten: Das, wovon die übrigen (τἆλλα – fehlt bei Cicero) Lebewesen bloße Teile sind, dem ist das All am ähnlichsten. *Ob einzeln und der Gattung nach* (καθ' ἓν καὶ κατὰ γένη) spielt in dieser Hinsicht keine Rolle. – *allein vom Geist erkannt – alles, was sichtbar ist:* Diese *visibilia et invisibilia* schließen nichts aus. Cicero schreibt: *quae animo cernuntur*, Platon νοητά; eine Übersetzung mit ›Seele‹ ginge also am Sinn vorbei. – *durch die Umschließung mit Vernunft und Denken: complexu rationis et intellegentiae*. Bei Platon steht nur ἐν ἑαυτῷ περιλαβὸν ἔχει· »fasst in sich zusammen«, »fasst in sich«. – *ebenso … wie:* ein Vergleich. Da das All (ὁ κόσμος) nur den Bereich der *visibilia* umgreift, kann das Weitergefasste, dem (auch) die *invisibilia*, die Ideen also, zugehören, nicht mit dem All identisch sein; somit muss der Weltenschöpfer selbst gemeint sein.

12 (30d 1–31b 3)
das Schönste (also das *Vollkommenste*)*:* Der Gedankengang kommt immer wieder auf diese Aussage zurück. Die Gottheit wollte das All dem Vollkommensten, also *sich selbst, ähnlich gestalten.* – *e i n sichtbares Lebewesen:* Vgl. den Schluss von Paragraph 10; jetzt erweitert um ›*sichtbar*‹. – *ein All oder … mehrere oder unzählige?:* Dass es nur e i n All sein kann, ergibt sich aus dem Anspruch der Vollkommenheit. Gäbe es etwas außerhalb, müsste dies dem All fehlen, womit es seine Vollkommenheit einbüßte. – Unzählige Welten postulierten Anaximander (VS 12 A 17,11: κόσμους ἀπείρους ὑπέθετο), danach Anaximenes, Archelaos, Xenophanes, Diogenes, Leukipp (12 A 17,16f.) und Demokrit (68 A 51 = Cicero, De natura deorum 173). – *Abbild jenes letzten, nicht eines vorletzten:* Wenn das gedachte All nicht alles in sich fasste, es also etwas außerhalb von ihm gäbe, wäre es nicht das ›letzte‹, sondern nur ein ›vorletztes‹ All; es könnte nur einen Teil eines größeren, also des wirklich ›letzten‹ Alls darstellen. Die Attribute ›letztes‹ und ›vorletztes‹ sind also nicht als Zeitangaben zu verstehen.

13 (31b 4–c 4)
körperhaft …, sichtbar und … anfassbar … sein: Alles Geschaffene muss diese Bedingungen erfüllen. Eine Begründung dafür bleibt aus (*necesse est* – δεῖ); sie ist aus den Folgen des nachstehenden Vorgangs rückzuerschließen. – *Feuer … Erde:* Die beiden ersten der klassischen vier Elemente des Empedokles ermöglichen das ›Anfassen‹ und das ›Sehen‹. – *Jede Zweiheit verlangt aber zum Herstellen einer Verbindung nach etwas ›Drittem‹:* Gemeint ist zunächst die Verbindung der Elemente Feuer und Erde. Das ›*Dritte*‹, bildlich als ›*Knoten*‹ oder ›*Fessel*‹ (*nodus vinculumque*; im griech. Text steht nur δεσμός) bezeichnet, soll *aus sich*

selbst und dem, was sie verbindet (τὰ συνδούμενα), *möglichst ›Eines‹ herstellen* (ἓν ποιεῖν): Die bildliche Ausdrucksweise suggeriert zunächst einen handwerklichen Vorgang: So werden z.B. zwei Bretter mit einem passenden Klebstoff zu einer nicht mehr trennbaren Bohle verleimt. Dies trifft natürlich so nicht zu. Es handelt sich vielmehr um eine Operation der pythagoreischen Mathematik bzw. Musik. – *Analogie:* Cicero betätigt sich als Sprachschöpfer; er gibt griech. ἀναλογία mit *comparatio* (›Verbindung des Gleichen mit Gleichem‹) oder *proportio* (›ausgewogenes Verhältnis‹) wieder. Beide Substantive sind vor Cicero nicht belegt.

14 (31c 4–32b 1)
Wenn nämlich: Der Satz expliziert das in Paragraph 13 bildlich Ausgesagte.
- Zunächst wird die durch Analogie hergestellte Verbindung vom ›Mittleren‹ zum ›Ersten‹ und zum ›Letzten‹, sodann ›umgekehrt‹ vom ›Letzten‹ und vom ›Ersten‹ zum ›Mittleren‹ hin betrachtet;
- aus der so entstandenen engen Verbindung ergibt sich, dass man nicht mehr unterscheiden kann, was das ›Erste‹, das ›Mittlere‹ und das ›Letzte‹ ist bzw. war, weil das vorher Getrennte jetzt zum ›Selben‹ (*eadem* – τὰ αὐτά), also ›Eins‹ (*unum* – ἕν) geworden ist.

zweidimensional (planum – ἐπίπεδον*):* Das All ist nicht als geometrische Fläche vorstellbar. – *dritte Dimension (soliditas* – βάθος*):* zur Darstellung stereometrischer Körper wie Tetraeder, Hexaeder usw. – Der Einschub e i n e s *Mittleren* würde zur Darstellung von Körpern nicht ausreichen.

Analyse von Paragraph 14

Quando enim trium vel numerorum	
vel figurarum	
vel quorumcumque generum	
contingit,	
ut,	
quod medium sit,	medium
ut ei primum proportione,	> primum
ita id postremo comparatur	> postremo
vicissimque	
ut extremum cum medio,	> extremum – medio
sic medium cum primo conferatur,	> medium – primo
id,	
quod medium est,	medium
tum primum fit tum postremum,	> primum/postremum
postrema autem et prima media fiunt:	postrema/prima
	> media

15 (32b 1–c 4)

Körperhaftigkeit (soliditas, wörtl. ›Dichte‹ – στερεοειδές*):* Gemeint ist die dritte Dimension. – *immer zwei …:* Durch den letzten Satz von Paragraph 14 ist diese Bedingung für die Überwindung der Zweidimensionalität vorbereitet. – *Wasser und … Luft:* Nun werden die beiden noch fehlenden Elemente eingeführt. – *proportional vereinigt:* untereinander sowie mit Wasser und Erde, wie anschließend beschrieben. – *vom Gesichts- und vom Tastsinn erfasst:* s. dazu o., § 13, Satz 1. – *auf diese Weise … ist der Weltkörper geschaffen:* insoweit abschließend. – *die genannte Analogie:* s.o., § 13. – *Freundschaft und Liebe* (*amicitia et caritas* – φιλία*):* zur Verdeutlichung der sehr engen Verbindung. Es bereitet sich pythagoreische Harmonie vor. Vgl. dazu Platon, Rep. 431 e 7f. – *dass er auf keine Weise aufgelöst werden kann, außer …:* Der Weltenbaumeister behält sich die Verfügungsgewalt über sein Geschöpf vor. Was er geschaffen hat, kann er – und nur er – auch zerstören.

16 (32c 5–33a 2)
Der Paragraph 16 besteht überwiegend aus Wiederholung und Zusammenfassung. – *kein Teil … sich nach außen davonmacht:* die Kugelform (s. § 17, hier noch nicht genannt) schließt das aus. – *jene Arten restlos enthalten sind:* So verlangt es der Begriff ›All‹; s. bereits § 12. – *das All … vollkommen:* s. o., § 12. – *einzig:* s. o., § 12. – *kein Teil, aus dem ein anderes All erzeugt werden könnte:* s. o., § 12. – *keine Krankheit oder Alterung (morbus aut senectus* – ἄγηρον καὶ ἄνοσον): ein letztes Moment, das der widerruflich erteilten ewigen Dauer gefährlich werden könnte (Memnon-Effekt: ewiges Leben, aber ohne ewige Jugend).

17 (33a 2–b 7)
durch die Einwirkung von Wärme wie Kälte oder durch einen heftigen Stoß: Fortsetzung und Ergänzung des Schlussgedankens von Paragraph 16. Die ältere Kapiteleinteilung zieht diesen Teil des Paragraphen 17 noch zu Kapitel V und beginnt Kapitel VI mit *Formam autem* … – *kugelförmig (globosus* – σφαιροειδής*):* Der Versuch, die Kugelgestalt des Alls mit Worten zu beschreiben, mündet in die mathematische Definition durch die gleiche Länge aller Radien. – Die Kugelgestalt der Erde war spätestens seit 380 v. Chr. erkannt (Phaidon 108c). – *weil Ähnlichkeit den Vorzug hatte vor Unähnlichkeit (*μυρίῳ κάλλιον ὅμοιον ἀνομοίου*):* Vgl. § 9 a. E., »Ordnung besser als Unordnung«, dort eingeleitet mit *iudicabat* (ἡγησάμενος), hier mit *eius iudicio* (νομίσας): Die Prinzipien der Gottheit lassen sich alle aus ihrer Vollkommenheit herleiten.

18 (33b 7–d 3)
eine völlig glatte Oberfläche: eine Eigenschaft der Kugel. – *weder Augen … noch Ohren:* Da das All als Lebewesen dar-

gestellt ist, könnte der Laie erwarten, dass es – wie andere Lebewesen auch – mit Sinnesorganen ausgestattet ist. Insofern ist es von der Systematik der Darstellung (oder als Vorbeugung gegen Veralberung) geboten, auf die Entbehrlichkeit solcher Organe hinzuweisen und sie zu begründen. – *Nahrungszufuhr für den Körper – Ausscheidung:* Anders als bei den Sinnesorganen liegt der Gedanke, das All betreibe einen Stoffwechsel, außerhalb des normalerweise Erwarteten. – *Verbrauch und Schwund seiner selbst (consumptione et senio):* Kein Widerspruch zu §§ 16 a.E. und 17 a.E. Das All ist offenbar als eine Art Wiederaufbereitungsanlage gedacht: *durch sich und von sich* (*per se et a se*) ist es Objekt und Subjekt zugleich (*patitur et facit omnia*). – *mit sich selbst zufrieden:* Diese Zufriedenheit mit sich selbst ergibt sich nicht notwendig aus dem Nichtvorhandensein eines Konkurrenz-Alls (*ut unus esset*), sondern aus seiner Vollkommenheit. – *bedarf keines zweiten:* siehe z.B. o., § 16.

19 (33d 3–34a 7)
keine Hände, Beine, keine anderen Gliedmaßen: in Fortführung der Gedanken des Paragraphen 18 (keine Augen usw.). – *Bewegung:* die für die Kugel geeignetste Bewegung ist die Rotation. – *sieben Bewegungsmöglichkeiten:* kreisen, vorwärts/rückwärts; aufwärts/abwärts, nach links / nach rechts; s.u., § 48. – *die … den Geist und das Erkenntnisvermögen (mentem atque intellegentiam –* νοῦν καὶ φρόνησιν*) besonders anregt:* eine als Folgerung aus der Vollkommenheit logische, freilich dem Normalempfinden eher widersprechende Feststellung. – *Kreisbewegung:* Rotation. – *befreite … von jedem Irrlauf:* im Vorgriff auf die Planetenbewegung; s.u., § 33 *siderum errores.* – *keine Fortbewegungsgliedmaßen:* Begründung für die Entbehrlichkeit von Beinen; s.o., am Anfang von Paragraph 19.

20 (34a 8–b 8)
der … erst demnächst ins Dasein tretende Gott (*futurus deus*)*:* das im Entstehen begriffene All. – *glatt, nach allen Seiten hin gleich ausgedehnt, mit gleichem Radius … vollendet und vollkommen:* Zusammenfassung der im Vorausgehenden entwickelten Eigenschaften des Weltkörpers. Das All hat offenbar eine (freilich im Unendlichen liegende) Außenseite. Folglich müsste es eigentlich auch etwas außerhalb des Alls Liegendes geben. Das Nichts? – *Seele:* Die Weltseele hat ihren Sitz *im Zentrum* der Kugel, erfüllt aber von dort aus den gesamten Kugelinhalt. – *Weltseele … von außen her mit dem Weltkörper umgeben:* Der mit *circumdedit* beschriebene Vorgang wird durch nachfolgendes *et vestivit* expliziert. – *umkleidete … und umfasste sie mit dem … in Rotation versetzten Himmel:* Offenbar ist zwischen der Innenseite und der (im Unendlichen liegenden) Außenseite des ›Himmels‹ (*caelum* – οὐρανός) unterschieden. – *dem sich allein bewegenden Himmel:* Cicero übersetzt ἔρημος mit *solivagus* (οὐρανὸν ἕνα μόνον ἔρημον κατέστησεν). Dieses Adjektiv betont die Einmaligkeit des Alls, nicht seine Selbstbewegung. – *der in Rotation versetzte Himmel:* s.o., § 19 (*motus, qui figurae eius esset aptissimus*). – *Vollkommenheit: virtus* (ἀρετή)*:* im *Timaeus* nur hier und in Paragraph 21 – *mit sich selbst zufrieden:* zur Autarkie s. z.B. § 18 a.E. Der griechische Text scheint auf das Fehlen sexueller Bedürfnisse anzuspielen (συγγίγνεσθαι) – *nach keinem zweiten verlangte:* siehe ebd.

21 (34b 8–35a 6)
diesen vollkommen seligen Gott geschaffen: Gemeint ist das beseelte All. – *Weltseele … nicht … … erst (nachträglich) begonnen:* Der Schöpfergott kann alles gleichzeitig schaf-

fen, nicht aber der Autor. Daher die Selbstkorrektur. – *schuf die Weltseele ... zuerst:* Damit setzt der Autor noch einmal ganz vorne an. Der »weitere Schöpfungsakt« meint kein historisches Nacheinander; er ergibt sich vielmehr aus der schriftstellerischen Notwendigkeit, den linear voranschreitenden Text zu gliedern. – *Herrin und Gebieterin über den Weltkörper:* Das ergibt sich aus dem Vorrang der Idee gegenüber dem Abbild. – *ungeteilt und immer von* e i n e r *Art und nur sich selbst ähnlich (individua, semper unius modi, sui similis):* Es ist die Welt der ewigen Ideen, die als *idem* (ταὐτό) dem veränderlichen *alterum* (θάτερον) gegenübersteht. – *die in den Körpern ›teilbar entsteht‹:* s. dazu Einführung, o. S. 118. – *eine dritte Wesenheit (tertium materiae genus* – τρίτον*) aus beiden:* vgl. dazu o., § 13: die (Fessel, die) aus sich selbst und den Stoffen, die sie zusammenbindet, möglichst ›Eines‹ herstellt (*quod ex se atque de iis, quae stringit, quam maxime unum efficit*). Nach Paragraph 22 ist dieses ›Dritte‹ die Weltseele. – *zwischen das ›Unteilbare‹ und das, was am Körper ›teilbar ist‹:* vergleichbar dem Vorgang der Vereinigung von Erde und Feuer, s.o., § 13.

22 (35a 6–c 2)
diese drei ... verband er zu einer Einheit: in Fortsetzung von Paragraph 21. – *jene Natur ... ›von der andern Art‹ – mit ›derselben (Art)‹:* die nunmehr bekannte Unterscheidung – *verband er gewaltsam:* Da die Bestandteile *dieser Verbindung widerstrebten*, wandte der Schöpfergott hier – und nur hier – Gewalt an (*vi* – βίᾳ). »In der Seele wird das der Einheit Widerstrebende, ewig Bewegte und teilbare Sein der Körperlichkeit (d.h. des Raumes) unter die Einheit der unteilbaren Idee gezwungen und gerade dadurch zur ›Harmonie‹ gebracht«. (E. Frank, S. 101). – *mischte die einzelnen Teile aus ›dem Selben‹ und aus ›dem Anderen‹ und aus der*

Seelenmaterie: Neu ist daran, dass zu den bekannten Ingredienzien nun die ›Seelenmaterie‹ hinzutritt. – Die nachfolgend ausgeführten Teilungen sind aus der von Platon weiterentwickelten pythagoreischen Musiktheorie zu erklären. Es geht um die Teilung der (absoluten, also nicht tonartgebundenen) Oktave in Intervalle. Vgl. dazu o., S. 106 ff.

23 (35c 2–36b 2)
die zweifachen und die dreifachen Intervalle ausfüllen: Es geht um die Bestimmung der noch nicht definierten Intervalle innerhalb der Oktave und damit um die Konstruktion einer diatonischen Idealtonleiter. – *in jedem Intervall zwei Mittelglieder:* Diese ›Mittelglieder‹ bilden die Trennungslinie, z. B. innerhalb der Quint. – *medietates:* Im Lateinischen fehlte ein Wort, mit dem man griech. μεσότητες wiedergeben konnte; Cicero führt daher das neue Wort *medietas* unter großem Vorbehalt *nur hilfsweise* ein; vgl. o., § 13 *comparatio proportiove.* – *das eine Zwischenglied – das andere:* Dieser sehr kryptische Satz lautet bei Platon (35c 2–36 a):

> Darauf füllte er die zweifachen und dreifachen Abstände (διαστήματα) aus,
> indem er von dort (d.h. von der Grundmasse) noch weitere Stücke (μοίρας) abschnitt und sie zwischen jene einsetzte,
> so dass zwischen jedem Abstand (ὥστε ἐν ἑκάστῳ διαστήματι) zwei Arten von Mittelwerten (δύο μεσότητες) waren:
> - der eine von ihnen übertraf die eine der beiden äußeren Zahlen und wurde von der anderen übertroffen,
>   und zwar beide Male um den gleichen Bruchteil (ταὐτῷ μέρει),
> - während der andere sie um dieselbe Zahl (ἴσῳ κατ᾽ ἀριθμόν) übertraf bzw. übertroffen wurde (ὑπερέχουσαν – ὑπερεχομένην).
>
> (Übers. R. Rufener)

Aus dem nachfolgenden Satz geht hervor, dass durch die neuerliche Teilung die Intervalle $1\frac{1}{2}$, $1\frac{1}{3}$ und $1\frac{1}{8}$ entstanden.

Gemeint sind die harmonische und die arithmetische Teilung (ἁρμονική – ἀριθμητική μεσότης). – Das Intervall $1\frac{1}{2}$ (= $\frac{3}{2}$) ist die Quint, $1\frac{1}{3}$ (= $\frac{4}{3}$) die Quart, $1\frac{1}{8}$ (= $\frac{9}{8}$) ein Ganzton.

Bei Platon (36a 6–b 2) steht:

> Da aber infolge dieser Verbindungsglieder innerhalb der früheren Abstände nun neue Abstände (διαστάσεις) von $1\frac{1}{3}$, $\frac{4}{3}$ und $\frac{9}{8}$ entstanden waren, füllte er mit dem Abstand (διάστημα) von $\frac{9}{8}$ alle jene von $\frac{4}{3}$ aus, indem er von jedem von ihnen noch e i n e n Teil (μορίον) übrigließ, so dass der noch übrige Abstand dieses Teils, in einem Zahlenverhältnis ausgedrückt, 256 : 243 betrug.
> (Übers. R. Rufener)

Der Satz »Da nun das Intervall dieses kleinen Teils … in Zahlen ausgedrückt – dem Verhältnis der Glieder 243 zu 256 entsprach«, wird in den Cicero-Ausgaben zu Paragraph 24 gestellt.

24 (36b 1–c 4)
kleiner Teil: zum Verhältnis 256 : 243 s. o., bei § 22. Es handelt sich um den ›kleinen Halbton‹, die sog. δίεσις oder das λεῖμμα (der große Halbton heißt ἀποτομή). Zusammen mit 2 Ganztönen (je $\frac{9}{8}$) füllt es z. B. den Tonraum zwischen E und A. – *Glieder (*ὅροι*):* Gemeint sind die ›Überbleibsel‹ (λείμματα) im Zahlenverhältnis 256 : 243. – *Mitte auf Mitte in Form eines Chi (X) übereinander:* Die beiden Kreise liegen nicht in derselben Ebene, sondern schneiden sich in zwei Punkten in einem schiefen Winkel, den man mit einem X (in der Schreibweise Platons) vergleichen kann. – *Schnittstellen, die einander senkrecht gegenüberlagen:* Alle Meridiane bilden mit dem Äquator einen rechten Winkel. – *Bewegung, deren Kreislauf immer in derselben Bahn und auf dieselbe Weise angetrieben wurde:* Da der Kreis mit seiner Bahn identisch ist, handelt sich um ein Kreisen in sich selbst.

Der bei Platon anschließend (36c 3–4) stehende Satz ›und machte den einen dieser Kreise zum äußeren und den anderen zum inneren‹ (καὶ τὸν μὲν ἔξω, τὸν δ᾽ ἐντὸς ἐποιεῖτο τῶν κύκλων) *wird in den Cicero-Ausgaben zu Paragraph 25 gestellt.*

25 (36c 4–d 7)
den einen Kreis als äußeren, den anderen als inneren anlegen: Der äußere Kreis ist der *›von derselben Natur‹*, der innere der *›von der andern [Natur]‹*; vgl. dazu o., S. 120f. – *die ›von derselben Art‹ war, bog er von der Seite nach rechts herum, die andere aber von der Mittellinie nach links herum:* Platon schreibt κατὰ διάμετρον. – *den Vorrang aber gab er der äußeren:* Das ist die *›von derselben Natur‹*, also der Fixsternhimmel. – *allein ungeteilt:* ›allein‹ steht nicht bei Platon. – *sechs Teile des Himmels:* Übertragung der Musiktheorie auf den Planetenhimmel. – *sieben ungleiche Kreise:* Die Himmelskörper sind neben der Erde im Zentrum 1. Mond, 2. Sonne, 3. Venus, 4. Merkur, 5. Mars, 6. Jupiter, 7. Saturn; der Fixsternhimmel (mit dem Zodiakus) schließt das System ab. – *im doppelten und dreifachen Intervall:* Die Intervalle entsprechen den o., S. 108, in Lambdaform angeschriebenen pythagoreischen Urzahlen. – *in untereinander gegensätzlichen Bahnen:* Damit wird die Erklärung der scheinbaren Stillstände und Schleifenbildungen (*errores* oder *lusiones*) der Planeten vorbereitet; s. § 29 a.E. – *Von dreien davon machte er die Geschwindigkeiten gleich:* die der ›äußeren‹ Planeten. – *von vieren aber … sowohl untereinander ungleich als auch denen der drei übrigen unähnlich:* die der vier ›inneren‹ Himmelskörper (Mond, Sonne, Venus, Merkur). Die dem (platonischen) Mittelpunkt des Alls nächsten Himmelskörper bewegen sich am schnellsten (Merkur 48 km/s), die fernsten am langsamsten (Saturn 10 km/s); die Feststellung solcher Geschwindigkeitsunterschiede erfordert lange Beobachtungszeiten.

Zu den Planeten-Geschwindigkeiten:

	Merkur	Venus	Erde	Mars	Jupiter	Saturn	[neuzeitl. Entdeckungen] [Uranus	Neptun]
Bahnumfang							[seit 1781;	seit 1846]
in Mio km	360	680	940	1400	4900	8900	18 000	28 000
Umlauf (sid.) in Jahren	0,24	0,62	1,00	1,88	11,86	29,46	84,02	164,71
Umlaufgeschwindigkeit in km/s	48	35	30	24	13	10	7	5

Seit Eudoxos aus Knidos (391–337) konnte die Konstanz der Bahngeschwindigkeiten vorausgesetzt werden. Platon (427–347) war über die Arbeiten seines jüngeren Zeitgenossen offenbar bestens informiert.

26 (36d 8–e 5)
die Weltseele … gebildet: Abschluss des Schöpfungsberichts. Die Weltseele ist nach den Gesetzen der Musik strukturiert, s.o., §§ 22ff. – *unterwarf … alles, was konkret und körperlich war, der Seele:* zur Vorherrschaft der Weltseele s.o., § 21. – *verlegte … nach innen:* vgl. o., § 20. – *sie Mitte auf Mitte übereinanderlegend:* vgl. o., § 24. – *die Weltseele … umgriff die äußerste Grenze des Alls:* vgl. o., § 29. – *indem sie in sich selbst kreiste:* s.o., § 24. – *göttlicher Beginn:* Der ›göttliche Beginn‹ ergibt sich aus dem Schöpfungsprozess. – *ewiges und vernunftbegabtes Leben:* ›ewig‹ bedeutet hier ›vom Ursprung ab‹, die Seele ist weder ›ewig‹ im Sinne von ›seit jeher existierend‹ noch im Sinne von ›niemals untergehend‹, da Geschaffenes auch zerstört werden kann.

27 (36e 5–37b 3)
Weltkörper sichtbar – Weltseele entzieht sich der Wahrnehmung durch das Auge: eine Grundannahme. – *Einzig sie ist der Ver-*

nunft (*ratio* – λογισμός) *und der Harmonie … vollkommen mächtig:* Die ›Harmonie‹ ergibt sich aus der oben dargestellten, an der Musik orientierten Struktur der Weltseele. Zur Harmonie bei Demokrit s. VS 68 A 167,15 (τὴν δ' εὐθυμίαν καὶ εὐεστὼ καὶ ἁρμονίαν, συμμετρίαν τε καὶ ἀταραξίαν καλεῖ). – *Harmonie (concentio):* ein dritter Übersetzungsvorschlag Ciceros; vgl. o., § 13 ἀναλογία und § 23 μεσότης. – *Erkenntnisvermögen: rerum sub intellegentiam cadentium compos* – τῶν νοητῶν μετέχουσα. – *das Beste, was die Schöpfergottheit hervorgebracht hat:* Gemeint ist natürlich der absolute Superlativ des Guten. Bei Platon: ὑπὸ τοῦ ἀρίστου ἀρίστη γενομένη τῶν γενηθέντων. – *aus ›derselben‹ und ›der anderen Natur‹:* s. dazu o., S. 120f. – *unter Einbeziehung der Seelenmaterie … zusammengefügt:* Die Seele ist also gewissermaßen ein Mischprodukt. – *durch proportionale Mischung dreier Teile:* vgl. dazu o., § 13. – *kreist in sich selbst:* In der Kreisbewegung sieht Platon das Wesen der Seele (auch der menschlichen und der tierischen); vgl. Platon, Tim. 34a. 42c. 47d; Rep. 564f., Leg. 897e u.ö. – *wird sie in ihrem ganzen Sein erregt (*αὐτὴ ἀνακυκλουμένη πρὸς αὐτήν*):* die Schöpfergottheit hingegen ist der *un*bewegte Beweger. – *unterscheidet, was ›derselben Art‹ und was ›der anderen‹ zugehört:* Aus der beschriebenen Qualität der Weltseele werden nun Schlüsse für die menschliche Seele gezogen: Da sie zwischen den beiden Wesenheiten des Seienden und des Veränderlichen unterscheiden kann, ist sie in der Lage, je nach Zeit und Ort (ὅπῃ καὶ ὅπως καὶ ὁπότε) richtige Entscheidungen zu treffen. Dieses ihr ›Wissen‹ könnte man auch als ›Gewissen‹, die ganze Einrichtung geradezu als einen Gewissensautomaten bezeichnen. Dementsprechend ist der Mensch für sein Tun und Lassen verantwortlich; siehe dazu u., § 46. »Der gestirnte Himmel über mir und das Sittengesetz in mir« – liegt dieser Gedanke hier fern?

28 (37b 3–c 3)
Die wahre Vernunft: Der *ratio vera* entspricht bei Platon λόγος. F. Susemihl versteht hier Platon anders: »Wird nun aber diese Kundgebung … auf gleiche Weise wahr …«; R. Rufner: »Wenn aber diese Überlegung … in gleicher Weise wahr wird … « – *ohne Geräusch lautlos:* Hier gibt es also nichts der Sphärenharmonie Entsprechendes. – *durch sich selbst bewegt:* vgl. o., § 27: *se ipsa conversans.* – *den Teil, durch den die Sinneswahrnehmung (sensus* – αἰσθητόν*) erregt werden kann:* Dies trifft auf die Materie zu; lat. *eandem (partem)* kann hier also nicht im Sinne des Grundgegensatzes *idem – alterum* aufgefasst werden. – *der Seele und dem Verstand alles meldet:* Der ›unveränderte Kreis jener anderen Art‹ unterrichtet die Seele (ψυχή) und den Verstand (*mens* – bei Platon ohne Entsprechung). – *verlässliche, wahre Meinungen und Zustimmungen:* Zu den Zustimmungen (*opiniones*) s.o., § 3: – *alterum, quod adfert opinio et sensus rationis expers.* Hier, in Paragraph 18, ist von *opiniones adsensionesque firmae veraeque* die Rede; dies entspricht δόξαι καὶ πίστεις βέβαιοι καὶ ἀληθεῖς bei Platon. Die *assensiones* spielen im Denken Ciceros eine bedeutende Rolle bei der Suche nach der Wahrheit. – *durch Erkenntnisvermögen (intellegentia* – λογιστικόν*) erfasst wird:* im Gegensatz zu *sensus* – αἰσθητικόν.

28/29
G r o ß e Lücke im Cicero-Text (Platon 37c 3–38c 3), entsprechend ca. 38 Zeilen Oxoniensis-Text.
Der durch Textverlust unvollendete Satz lautet bei Platon (37b 3–c 5):

> Wenn aber diese Überlegung – ob sie sich auf das Verschiedene bezieht oder auf das Selbe – auf gleiche Weise wahr wird, wobei sie sich in der von ihr veranlassten Bewegung ohne Laut und ohne Geräusch herumdreht, dann entstehen, wenn sie sich auf das Wahrnehmbare richtet und

der Kreis des Verschiedenen richtig verläuft und er die Nachrichten davon der ganzen Seele weitergibt, wohlgegründete und wahre Meinungen (δόξαι) und Überzeugungen (πίστεις); bezieht sie sich aber umgekehrt auf das Denkbare und der Kreis des Selben verläuft dabei richtig und gibt diese Kunde, so kommen mit Notwendigkeit Einsicht (νοῦς) und Wissen (ἐπιστήμη) zustande.
... Und wenn irgend jemand den Bereich, in dem dies beides entsteht, anders bezeichnen wollte als Seele, so wird er damit eher alles andere als die Wahrheit sagen.

In dem fehlenden Textstück (37c 3–38c 2) zeigt sich die Schöpfergottheit mit dem Geschaffenen zufrieden (vgl. Moses 1,1,31: καὶ εἶδεν ὁ θεὸς τὰ πάντα, ὅσα ἐποίησεν, καὶ ἰδοὺ καλὰ λίαν*: s. auch Fragm. 1). Sie beschließt nun, »ein bewegtes Abbild der Ewigkeit zu schaffen«, die Zeit.*

Zum Anschluss an die Cicero-Übersetzung hier das letzte Sechstel (Platon 38b 6–c 3) des in der g r o ß e n Lücke verlorengegangenen Cicero-Textes:

Die Zeit ist also zusammen mit dem Himmel entstanden, damit die beiden, die zugleich geworden sind, auch miteinander vergehen, wenn einst ihr Untergang erfolgen sollte, und damit sie ihm, nach dem Vorbild der ewigen Natur, so ähnlich wie möglich sei.
Denn das Vorbild ist ein Seiendes, das die ganze Ewigkeit dauert; die Zeit dagegen ist von Anfang bis ans Ende die ganze Zeit hindurch ein Gewordenes und ein Seiendes und ein Seinwerdendes.
(Übers. R. Rufener)

29 (38c 3–c 5; d 1–d 6)
Die Cicero-Übersetzung setzt mit Platon 38c 3–c 5 wieder ein.

Überlegung und Gedanke des Schöpfergottes: Cicero übersetzt λόγος καὶ διάνοια θεοῦ mit *ratio et mens divina* (eigtl. ›göttlicher Geist‹). Der Schöpfergottheit die dem Menschen zugedachte ›Vernunft‹ zuzuschreiben wäre hier unangemessen; daher ›Überlegung‹. – *den Lauf der Zeit beginnen lassen:* ›Zeit‹ im Sinne messbarer Größen setzt entsprechende Messmarken und qualifizierte Beobachter, also Menschen voraus; Tiere und Pflanzen reagieren nur auf den Wechsel der Tages- und der Jahreszeiten. Im geozentrischen System wie im heliozentrischen orientiert sich die Zeitmessung am Lauf der Sonne. Mit deren ›Ingangsetzung‹ (durch die Natur ›des Anderen‹) und Sichtbarmachung (s. §§ 31.52) beginnt die Möglichkeit, ›Zeit‹ zu beobachten und zu messen. Erwähnenswert erscheint der Anklang an Psalm 103,19: ἐποίησεν σελήνην εἰς καιρούς· ὁ ἥλιος ἔγνω τὴν δύσιν αὐτοῦ. »Er schuf den Mond, die Zeit zu bestimmen; die Sonne weiß, wann sie untergehen soll.« (Übers. Cl. Schedl) und Moses 1,1,14 ff.

Der Cicero-Text wird sogleich wieder durch eine kleine Lücke (Platon 38c 5–d 1) unterbrochen.
Zur Überbrückung dieser kleinen Lücke hier Platon (38c 5–d 1):

> Aus diesem Gedanken und Entschluss Gottes über das Werden der Zeit sind also, damit diese geschaffen werden konnte, Sonne und Mond und die fünf anderen Gestirne, die sog. Planeten, entstanden, damit sie die Zahlenverhältnisse der Zeit begrenzen und über sie wachen sollen. Nachdem der Gott diesen ihre Leiber geschaffen hatte, setzte er sie dort, wo sich das Verschiedene im Kreise bewegte, in Umlauf, ihrer sieben in sieben Bahnen: den Mond in die erste, die rings um die Erde geht, die Sonne in die zweite, oberhalb der Erde, den Morgenstern aber und jenen, der, wie man sagt, dem Hermes heilig ist, in der Weise, dass sie einen Kreis beschreiben, der an Geschwindigkeit der Sonne gleich ist, wobei sie aber einen ihr gegenläufigen Bewegungsimpuls bekamen; daraus ergibt sich, dass die Sonne und der Stern des Hermes und der Morgenstern einander einholen und entsprechend voneinander eingeholt werden.
> (Übers. R. Rufener)

Die Natur des ›Andern‹ in Umlauf setzte: Der Anstoß geht also nicht von der Natur ›des Selben‹ aus; die Zeit ist nichts Ewiges. – *die Bahn des Mondes umkreist die Erde im geringsten Abstand:* Die Erde ist dabei als Mittelpunkt des

Alls gedacht. Die Aussage über den Mond gilt natürlich auch im heliozentrischen System. – *oberhalb der Erde die sonnennächste Bahn:* Lucifer (*eosphoros:* der ›Morgenbringer‹ – Venus) und Merkur. Die Sonne zählt im geozentrischen System zu den Planeten. – *mit gleicher Geschwindigkeit wie die Sonne:* Diese Angaben entsprechen allenfalls dem Augenschein. Je weiter außen ein Planet liegt, desto geringer ist seine Umlaufgeschwindigkeit. – *Lucifer, Merkur und Sonne haben Begegnungen:* Opposition, Konjunktion, Quadratur; erste Erklärungsversuche für diese Phänomene lieferte Eudoxos aus Knidos durch Annahme von vier Sphären. Zur Veranschaulichung s. Abb. 1.

30 (38d 6–39a 5)
Grund, den restlichen Gestirnen ihren Platz anzuweisen: Dieses Problem wird ausgeklammert. – *Nachdem ein jedes derjenigen Gestirne … die ihm gemäße Bahn eingenommen hatte:* s. Abb. 2.–6. – *nachdem aus ihren durch beseelte Bän-*

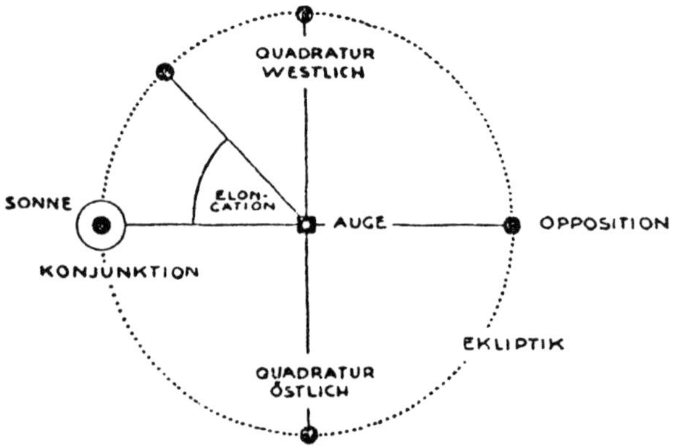

Abb. 1: Konjunktion, Opposition, Quadratur und Elongation bei Planeten

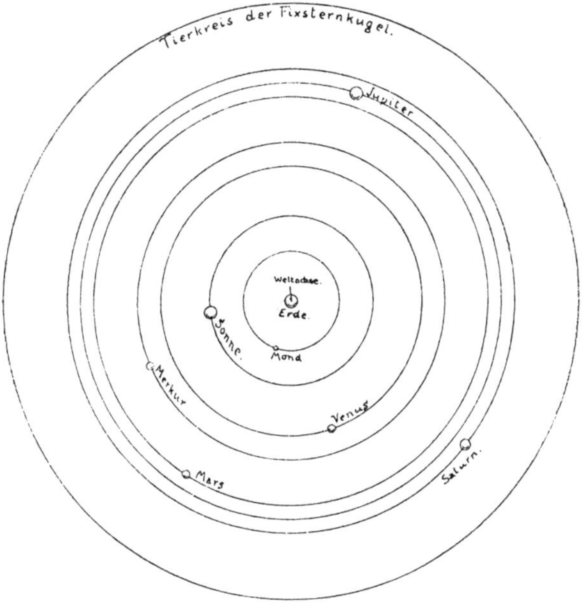

Abb. 2: Planetensystem antik: Schnitt in der Eben der Ekliptik nach Platon, Staat X 616d ff.
Dieselbe Reihenfolge der Planeten auch Timaios 38c, doch sind im Timaios die Distanzen andere (1 : 2 : 3 : 4 : 8 : 9 : 27)

der verbundenen Körpern Lebewesen geworden waren: s.o., § 13. – *ihren Auftrag auszuführen gelernt hatten:* s.o., § 21. – *liefen sie aus der schrägstehenden Bahn der ›anderen Natur‹ in die Bahn der ›selben Natur‹ hinein:* Gemeint sind der Himmelsäquator und die Ekliptik, die mit ihm einen Winkel von 23,5° bildet. – *langsamer die auf der weiteren, schneller die auf engeren Bahn:* s. dazu o. § 29. – *schienen … trotz ihrer Schnelligkeit von den langsameren überholt zu*

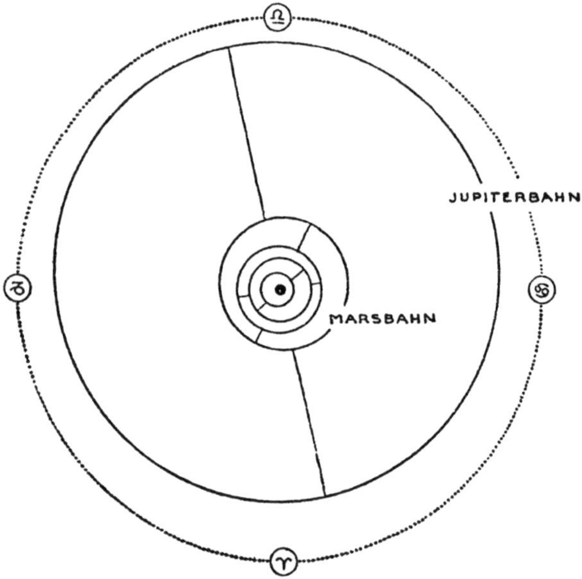

Abb. 3: Planetensystem modern: Sonne (im Zentrum), Merkurbahn (stark exzentrisch), Venus-, Erd-, Mars- und Jupiterbahn. Die radialen Linien deuten die Stellung der Längsachsen der Bahnen an.

werden: Es geht wieder um die scheinbare Schleifenbildung von Planetenbahnen; s.u., Abb. 5.6.

31 (39a 5–c 1)
alle Kreisbahnen … legte die Gottheit gleichsam als Spiralen an: Cicero schreibt *quasi helicae inflexione vertebat*, das entspricht Platons στρέφουσα ἕλικα. Bei geozentrischer Betrachtung durchläuft die Sonne im Laufe eines Jahres eine Spiralenbahn zwischen dem Nördlichen und dem

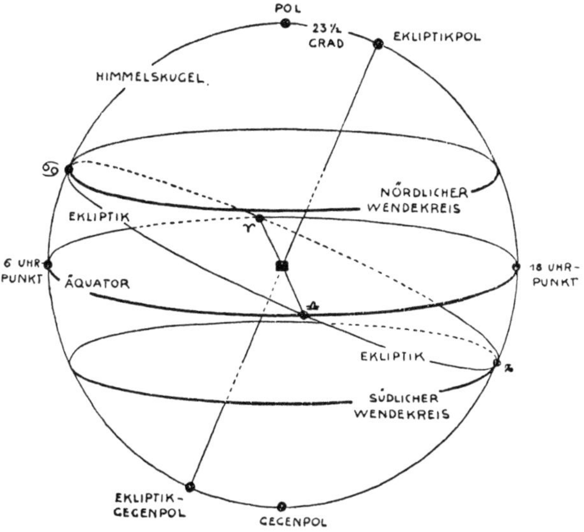

Abb. 4: Himmelskugel mit aufrecht gestellter Achse. Drei Parallelkreise. Ekliptik mit den Symbolen des Frühlings-, Sommer-, Herbst- und Winterpunktes. Neigung gegen den Äquator 23½ Grad.

Südlichen Wendekreis. – *ein klares Maß:* Dieses ›Maß‹ ist weder ethisch noch ästhetisch zu verstehen, sondern im Sinne von ›messbar machend‹: *ut esset mensura quaedam evidens* – ἵνα δ' εἴη μέτρον ἐναργές. – *in den acht Bahnen:* die sieben Planeten, (zu denen auch die Sonne, nicht aber die Erde zählt) und die Fixsternsphäre. – *die Sonne … auf der zweiten Bahn oberhalb der Erde:* Zwischen der Erde im Zentrum des Alls und der Sonne liegt die Mondbahn. – *die belebten Wesen, die Anspruch auf Belehrung hatten:* Hier trifft sich das Interesse der Pythagoreer mit der Planung der Schöpfergottheit: Die Geschöpfe haben einen An-

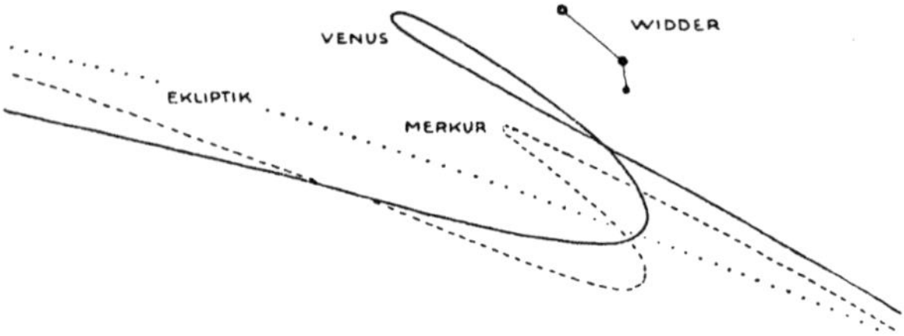

Abb. 5: Schlingen und Schlangenlinien der Planeten. Das Widderbild bleibt unverändert.

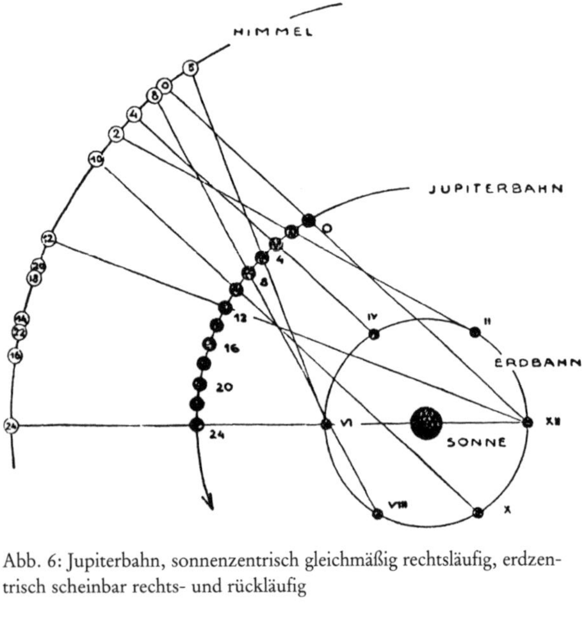

Abb. 6: Jupiterbahn, sonnenzentrisch gleichmäßig rechtsläufig, erdzentrisch scheinbar rechts- und rückläufig

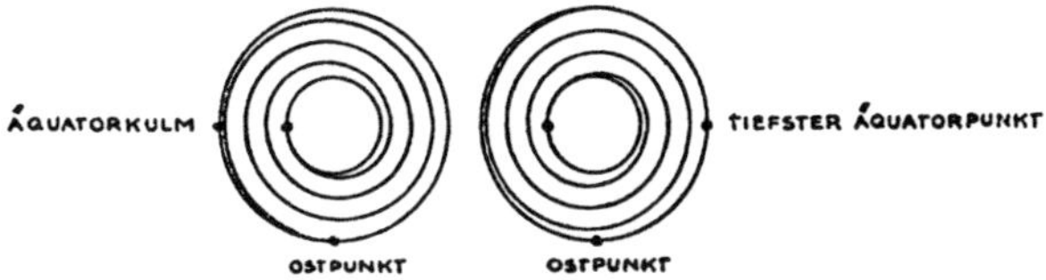

Abb. 7: Schema der Jahresschraubenbahn der Sonne am ruhenden Himmel, vom Außenpol aus gesehen. Links Aufstieg im Frühling, Rechts Abstieg im Sommer. Die äußeren Kreise bedeuten den Äquator, die inneren den nördlichen Wendekreis.

spruch (*ius*) darauf, *die Natur der Zahlen und deren große Macht erkennen zu können.* Bei Platon steht: τὰ ζῷα, ὅσοις ἦν προσῆκον ... (Vgl. Platon, Rep. 616b., Phaidros 246ff., Leg. 890ff.

32 (39c 1–c 5)
Definition des Begriffes ›Tag‹ als (24-Stunden-)Summe von Tag und Nacht, des Monats und des Jahres.

33 (39c 5–d 7)
sehr wenige: Nach Platons Kenntnis beschäftigte sich nur ein enger Zirkel ernstlich mit Astronomie. – *vermeintliche Irrläufe:* Gemeint sind die scheinbaren Schlingenbewegungen (*lusiones et errores* § 37) der Planeten, genauer v.a. die der ›äußeren‹. Eudoxos aus Knidos (391–337 v.Chr.) wird ihnen den Namen ›Hippopede‹ (Pferdefessel) geben; man könnte die Bahnfigur auch als brezelähnlich bezeichnen (s. dazu Abb. 5, S. 154). – *Und dennoch kann man durchschauen und begreifen:* Darauf vertrauen die Pythagoreer: Die Bedeutung dieses Eppuro-Satzes (ἔστιν δ᾽ ὅμως οὐδὲν ἧττον κατανοῆσαι δυνατόν) sollte nicht unterschätzt werden. Seine radikale Absage an alle mythologischen Spe-

kulationen auf diesem Gebiet ist identisch mit der Aufforderung zur rationalen Erforschung der Phänomene mit mathematischen und physikalischen Methoden, also mit der *vis numerorum* (§ 31). Cicero verschärft diese Zielvorgabe noch. – *das absolute und perfekte ⟨Große⟩ Jahr:* s.o., § 32. – *zum selben Ausgangspunkt:* zum Widderpunkt zur Zeit der Frühjahrssonnenwende. – *Bezugssystem:* Alle astronomischen Messungen setzen ein (am Himmel nicht sichtbares) Bezugssystem voraus. Im Falle des *Timaeus* besteht es aus dem Himmelsäquator und der Ekliptik (Sonnenbahn). Die Beobachtungsmöglichkeiten sind abhängig vom jeweiligen Entwicklungsstand der Feinmechanik. Das dioptrische Fernrohr wurde erst zu Beginn des 17. Jahrhundert in Holland (von Jan Lipperhey, Jakob Metius oder Zacharias Jansen) erfunden, das astronomische 1611 von Johannes Kepler. Neue Erkenntnisse waren die baldige Folge.

34 (39d 7–e 9)
Aus diesen Gründen: vgl. o., § 9f. (Grund für die Erschaffung des Alls). – *als Abbild des Ewigen am nächsten kommt:* bezüglich des sich selbst immer gleichbleibenden ›Selben‹. – *als Kopie von dem, was sie nachgestaltete:* vgl. dazu o., § 3. – *Alle Formen von Lebewesen:* Das All muss alle denkbaren Formen von Lebewesen in sich schließen, weil es andernfalls nicht vollkommen wäre (s. dazu u., § 41).

35 (39e 10–40 a 7)
vier Arten von Lebewesen: Sie entsprechen den vier Elementen Feuer, Luft, Wasser, Erde; vgl. Platon, Leg. 823b, Soph. 221e. (Das Pflanzenreich bleibt hier offenbar unberücksichtigt.) – *Die Art mit der stärksten göttlichen Beseelung:* Gemeint sind die Gestirne. Hier erstmals eine Andeutung, dass die Seelensubstanz weder quantitativ noch

qualitativ einheitlich verteilt wird; s. dazu u., §§ 41.42. – *rundete er sie zur Kugelgestalt:* Mit freiem Auge ist die Kugelgestalt nur für Sonne und Mond offensichtlich, besonders gute Augen mögen sie auch beim Mars beobachten. Die von der Theorie geforderte Übertragung auf alle Planeten bestätigte sich erst, als das Fernrohr erfunden wurde). Bez. der sog. Fixsterne besteht die Vermutung weiter. – *machte sie* (sc. *diese Art*) *zur Begleiterin der Weisheit des besten Geistes* (d.h. *des Sichselbstgleichen*)*:* Lambinus schreibt *comitemque eum sapientiae quam optimae mentis effecit* (die Codices haben *sapientiamque*). Das stimmt nicht zu Platon: »Und er setzte sie dem vernünftigen Denken des Mächtigsten als dessen Begleiterin ein, indem er …« (τίθησίν τε εἰς τὴν τοῦ κρατίστου φρόνησιν ἐκείνῳ συνεπόμενον). – *verteilte sie gleichmäßig über den ganzen Himmel hin:* Wenn die Fixsterne eingeschlossen sind, mag diese Behauptung leidlich angehen. Eigentlich spricht die Verdichtung der Gestirne im Bereich der Milchstraße dagegen. Bei Platon steht im übrigen »im Kreise« (κύκλῳ), nicht ὁμοίως o.ä. – *die Griechen nennen diese … Art ›Kosmos‹, wir Lateiner ›das leuchtende All‹ (lucens mundus):* Hier hat Cicero leider darauf verzichtet, ein adäquates lateinisches Wort einzuführen.

36 (40a 7–b 8)z
verlieh den göttlichen Wesen zwei Arten von Bewegung: Wie der vorletzte Satz des Paragraphen 36 zeigt, sind hier die Fixsterne gemeint. Die ›eine‹ Bewegung ist die Kreisbewegung mit der gesamten Fixsternsphäre, die ›zweite‹ die nach vorne (*in anticam partem*), d.h. die Fixsterne kennen – anders als die Planeten – keine »Rückwärtsläufe«. Diese beiden Bewegungsarten aller Himmelskörper finden sich zuerst bei Platon; vgl. Herakleides, fr. 50 V. – *des Ähn-*

lichen: similis ist hier – wie im *Timaeus* immer – als (*semper*) *sui similis* zu verstehen. – *die fünf übrigen Bewegungsarten:* rückwärts, aufwärts, abwärts, nach links und nach rechts; vgl. o., § 19. – *am Himmel festgeheftete Gestirne:* die Fixsterne (*suis sedibus inhaerent et perpetuo manent*). – *umherschweifend und in veränderlichem Irrlauf dahingleiten:* die Planeten (πλάνητες, zuerst bei Xenophon, Mem. 4,7,5, von πλανᾶσθαι ›umherirren‹), in älterem Deutsch auch ›Wandelsterne‹ genannt (*vaga et mutabili erratione labuntur*). Oben, in Paragraph 33, waren die ›Irrläufe‹ (*siderum errores*) als für nur wenige Menschen durchschaubar und als dennoch berechenbar bezeichnet worden (*ac tamen illud perspici et intellegi potest*); s. auch u. § 37 (*lusiones deorum*). W. Burkert datiert die *Memorablien* auf die Jahre 357/355. Daraus könnte ein Argument für die Datierung des Platonischen *Timaios* gewonnen werden.

37 (40b 8–d 5)
eine (*durch sie*) *hindurchlaufende Achse:* die Erdachse, womit gesagt ist, dass die Erde um diese Achse rotiert; denn welchen anderen Zweck sollte sie denn haben? – *Tag und Nacht bewirkt:* infolge der Erddrehung in je 24 Stunden. – *die wichtigste aller Gottheiten:* Nach Hesiod (Theogonie 116ff.) brachte Gaia den Himmel und das Meer hervor. Dass neben dieser mythologischen Auffassung an die Rolle des Elements ›Erde‹ gedacht ist (s. o. § 13: *solidum nihil, quod terrae sit expers*), ist weniger wahrscheinlich. – *die Tanzspiele (der Planeten) … mit bloßen Worten erklären:* Das wäre in der Tat zu schwierig. Daher der Hinweis auf ein Modell. Daraus ist zu entnehmen, dass es zu Platons Zeit solche Modelle gab, möglicherweise Vorläufer der späteren Astrolabien, wie sie offenbar Ptolemaios (3. Jh. n. Chr.) kannte. Ein früher Vorläufer war möglicherweise

die für Anaximander (VS 12 A 1) bezeugte σφαῖρα. – *denen, die nichts davon verstehen, Schrecken einjagen:* Man kann sich heute kaum mehr vorstellen, dass eine Mond- oder Sonnenfinsternis die Menschen in Angst und Schrekken versetzte. Als aber Thales (VS 11 A 5) die Sonnenfinsternis vom 28. Mai 585 v. Chr. vorhersagte, galt das als eine Sensation, von der man Jahrhunderte hindurch sprach; siehe dazu auch Cicero, Rep. 1.21 ff. – *habe hier ein Ende:* ein deutliches Gliederungssignal.

38 (40d 6–e 4)
Daimonen (δαίμονες): Die olympischen Götter und auch alle sonstigen Gottheiten werden damit entthront. An ihre Stelle tritt eine grundsätzlich monotheistische Gottesvorstellung. – *Laren … richtige Übersetzung:* Die *Lares* waren etruskische und römische Schutzgottheiten. Ihre Gleichsetzung mit ›Dämonen‹ mag angehen; der Position, die die olympischen Götter in den staatlichen Kulten und im öffentlichen Bewusstsein hatten, wurde sie nicht gerecht. – *Man muss den … Uralten glauben:* Den offenen Bruch wagt Platon nicht. Sokrates war u. a. wegen der ›Einführung neuer Götter‹ angeklagt und verurteilt worden. – *noch durch sichere Vernunftgründe bestätigt:* So weit konnte Platon gehen, wenn er (wie Sokrates im *Kriton* 54b) versicherte, *man müsse dem alten Brauch gehorchen.*

39 (40e 3–41a 3)
Ursprung dieser Götter: s. o., § 38. – *Oceanus/Okeanos:* Sohn des Caelus/Uranos und der Terra/Gaia. – *Salacia/Tethys:* eine Meergottheit, Tochter des Caelus/(Uranos und der Terra/Gaia, als Gemahlin des Oceanus/Okeanos bei Varro, L. L. 5,57, und Servius, ad Verg. Aen. 10,76 erwähnt. – *Caelus/Uranos:* Vater des Oceanus/Okeanos; bei Ennius,

Ann. 27, Cicero, De natura deorum 2,63 als Vater des Saturnus genannt. – *Terra/Gaia:* Mutter des Oceanus/Okeanos und der Salacia/Tethys. – *Saturnus/Kronos:* einer der Titanen, Gemahl der Ops/Rheia, Vater des Iuppiter/Zeus. – *Ops:* mit der Rheia/Kybele identifizierte Gottheit. – *Iuppiter/Zeus, Iuno/Hera:* Kinder des Saturnus/Kronos und der Ops/Rheia/Kybele – *Geschwister:* in den oberen Rängen der Götterwelt war Geschwisterehe unvermeidlich. – Die mythologische Genealogie kennt viele Varianten. – *Sippschaft: prosapia* ist (nach Quintilian 1,6,40) ein archaisches Wort, das eigentlich verpönt war. Wahrscheinlich ist es auch im *Timaeus* eher unfreundlich gemeint.

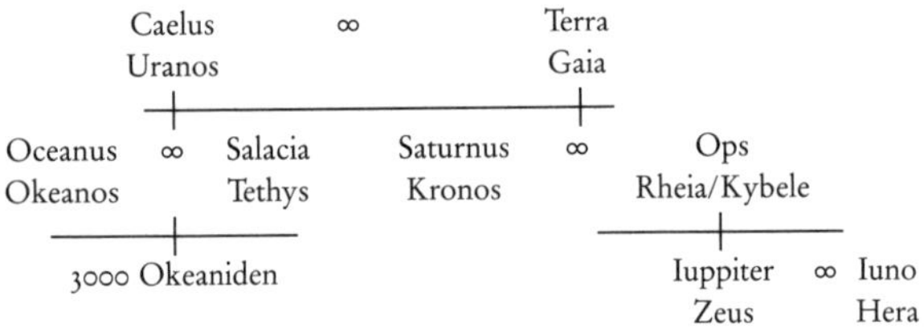

(Zeus ist der jüngste Sohn, Hera die 3. Tochter)

40 (41a 3–b 6)
gegen meinen Willen nicht auflösbar: Alles Geschaffene ist auflösbar, also auch das All. Zur Unzerstörbarkeit s.o., §§ 15.28 und u., § 42. – *gewiss nicht unsterblich und unzerstörbar:* Die olympischen Götter trifft das hart; vgl. o., § 38. – *mein Beschluss, der ein festeres Band für eure beständige Existenz ist:* Der (ewige) Schöpfergott ist allmächtig. – *jene Bänder, durch die ihr verbunden worden seid:* s. dazu o., § 13.

41 (41b 6–d 3)
drei weitere Arten, und zwar sterbliche: in der Luft, im Wasser, auf der Erde lebende Wesen; s.o., § 35. – *gäbe es keine Vollkommenheit des Alls:* Dem All darf es an nichts mangeln. Zu diesem Beweisgang vgl. o., §§ 12.16. – *die Lebensdauer von Göttern erreichen:* Bei Platon steht deutlicher: »sie würden den Göttern gleich« (θεοῖς ἰσάζοιντ᾽ ἄν). – *unter der Bedingung der Sterblichkeit gezeugt:* Die Gottgleichheit ist dem Menschen versagt, aber den Weg zu den Sternen kann er gehen; s.u., § 45 (*ad illud astrum, quocum aptus fuerit, revertetur*). – *sollt ihr es übernehmen, sie zu zeugen:* Die Menschen werden den Planetengöttern anvertraut (die damit eine Art von Schutzengelfunktion zu erfüllen haben.) Die Menschen haben *den Vorrang unter allen beseelten Wesen inne* und werden *»von göttlichem Geschlecht« genannt.* – *nach Recht und Gesetz willig gehorchen:* Worin ›Recht und Gesetz‹ bestehen sollen, bleibt zunächst ungesagt; s. jedoch u., § 43. Der hier geforderte *willige Gehorsam* schließt die Willensfreiheit nicht aus. Dies ergibt sich aus der im weiteren beschriebenen Seelenwanderung; s. dazu u., §§ 42–45. – *ihre Zeugung wird euch von mir übertragen:* Der Mensch wird – im Auftrag der Schöpfergottheit – von einem der Planetengötter gezeugt, indem dieser *zu dem, was unsterblich ist* – also zur Seele – *den sterblichen Teil* – also den Körper – hinzugibt (Platon: προσυφαίνων *»hinzuwebend«*). – Damit ist freilich auch der Weg zur Astrologie vorgezeichnet. – *Wesen, die ihr im Leben nähren und nach ihrem Tod ans Herz drücken werdet:* Diese Inaussichtstellung gilt mit der Einschränkung, dass der Mensch sich an ›Recht und Gesetz‹ hält.

42 (41d 4–d 7)
kehrte zu seiner früheren Mischarbeit zurück: aus der Bilderwelt des Handwerks. – *nicht so unzerstörbar wie das, was*

›immer das Selbe‹ ist: Es bleibt unklar, wieso etwas Unzerstörbares *nicht ganz so unzerstörbar* sein kann wie das Unzerstörbare der ersten Qualität; denkbar wäre ›leichter‹ bzw. ›nicht so leicht‹ zerstörbar. Es bleibt auch offen, welche Wesen mit diesen minderen Qualitäten ausgestattet werden. Platon beschreibt den Mischvorgang wie folgt: τὰ πρόσθεν ὑπόλοιπα κατεχεῖτο μίσγων τρόπον μέν τινα τὸν αὐτόν, ἀκήρατα δὲ οὐκέτι κατὰ ταὐτὰ ὡσαύτως (»… aber nicht mehr so gleichmäßig rein«); ἀκήρατος χρυσός »lauteres« Gold. – *zweite und dritte Qualität:* Die Qualitätsunterschiede sind offenbar das Resultat einer Resteverwertung.

43 (41d 8–42a 1)
teilte … den Planeten eine gleiche Zahl von Seelen zu: im Vollzug der Ankündigung o., § 41 (*quorum vobis initium satusque tradetur a me*). – *verkündete ihnen die schicksalhaft bindenden Gesetze:* s.o., § 41 (*vobisque iure et lege volentes pareant*). – *dass ihnen allen bei ihre erstmaligen Geburt genau dasselbe zugeteilt werde:* Die Gleichheit ist nur dieses eine Mal gegeben. – *in bestimmten Zeitintervallen entstehe ein Lebewesen, das sich für die Verehrung der Götter in besonderem Maße eignet:* Die Andeutung bleibt dunkel. Es kann nicht gemeint sein, dass ein Mensch, der *iuste vixerit* (s.u., § 44) nur ›alle heiligen Zeiten‹ auftreten werde. Damit hätte der Weltenschöpfer eine vielleicht realistische, aber doch völlig demotivierende Norm gesetzt. Bei Platon steht an dieser Stelle: »… dass sie (die Seelen) dann, wenn sie auf die Werkzeuge der Zeit gesetzt seien, die einer jeden zukommen, zu dem Lebewesen werden sollten, das am besten die Götter zu verehren wisse« (Übers. R. Rufener). Der Mensch ist demnach generell als das ζῴων τὸ θεοσεβέστατον angelegt, als das gottesfürchtigste unter allen Lebewesen.

44 (42a 1–b 2)
die vorzüglichere Art … die Männer: Nach heutiger Auffassung ein Skandalon, nach damaliger zwar nicht galant, aber wahrscheinlich nicht anstößig. – *ein gemeinsames Empfindungsvermögen:* Die Geschlechter müssen sich verständigen können (*sensus unus … communisque omnium* – αἴσθησις μία πᾶσιν). – *aus Lust und Leid gemischte Liebe* (*voluptate et molestia mixtus amor* – ἡδονῇ καὶ λύπῃ μεμειγμένος ἔρως): *voluptas* – *molestia* bei Cicero, De re publica 3, fr. 1, De finibus 1,32.37.56, Tusculanae disputationes 5,103. Fragm. 2,4, aber nie in Verbindung mit *amor.* – *Zorn und Furcht und die übrigen Seelenregungen (ira et metus et reliqui motus animi* – φόβος καὶ θυμὸς ὅσα τε ἑπόμενα αὐτοῖς*): ira – metus* bei Cicero, Tusculanae disputationes 4,21, also keine für Cicero typische Kombination. – *durch Vernunft beherrschen:* Nun wird die Ethik ins System eingebaut. Der Mensch, ob Mann, ob Frau, mit gleichen Seelenregungen konfrontiert, wird daran gemessen, wie er mit ihnen zurechtkommt. – *gerecht/ungerecht leben:* Wer in seinem Leben seine Affekte beherrschen konnte, hat gerecht gelebt, wer nicht, ungerecht. Der Begriff ›Tugend‹ (*virtus* – ἀρετή) – er bezeichnet im *Timaeus* die allein dem Schöpfergott zukommende Vollkommenheit – fällt hier nicht. Die Ethik ist auf den Intellekt gegründet. Die Art der Lebensführung bleibt nicht ohne Konsequenzen, da der Mensch für sein Tun um so mehr verantwortlich ist, als er durch seine Verbindung mit dem ›Selben‹ jederzeit feststellen kann, wie er zu handeln hat; s. dazu o., § 27; u., § 46.

45 (42b 3–d 2)
wer den … Lebensweg richtig und mit Anstand vollendet (*iuste vixerit*)*:* s.o., § 44; die stoische Maxime ὁμολο-

γουμένως ζῆν (ὁμολογουμένως, zuerst bei Xenophon, Apol. 27) scheint sich darin vorzubereiten. – *wird zu dem Gestirn ... zurückkehren:* s.o., § 41 (*vos suscipite ...*). – *wer maßlos und unbeherrscht gelebt hat:* s.o., § 44 (*iniuste ⟨vixerit⟩*). – eine zweite Geburt: kein Widerspruch zu § 43 (*et ostendit* p r i m u m *ortum unum fore omnibus*). – *mit einem Frauenleib versehen:* vgl. dazu o., § 44 (*qui essent futuri viri ...*). – *den seinem Betragen entsprechenden Körper:* Der weitere Abstieg reicht bis zum Tier. – *Ende seiner Übel:* Die Rückkehr zur eigentlichen Bestimmung ist möglich. Wie ein ›Wildtier‹ sie schaffen kann, wird nicht erörtert. – *jenem Umschwung zu folgen:* zum ›eingeborenen Umschwung des Selben‹ s.o., § 30. – *wenn er ... durch Vernunft vertreibt:* Die Seele ist in den chaotischen Zustand der Elemente vor der Erschaffung des Alls zurückgefallen; s. dazu o., § 9 (*immoderate agitatum ...*). – *zur ursprünglichen und besten Verfassung seiner Seele gelangen:* Sie besteht in der Übereinstimmung mit ›dem Umschwung des Selben‹ (*sequi conversionem, quam habebit in se ipse eiusdem ...*). – Nicht erörtert ist, was mit den Gerechten geschieht, nachdem sie *in sinu deorum iuniorum* (s. § 41 a.E.) angelangt sind. Da die Gesamtmenge der Seelenmaterie offenbar begrenzt ist (§ 43: *sideribus parem numerum distribuit*), wird die der Gerechten wohl wiederverwendet werden müssen. Wie aber bleibt deren Individualität erhalten? Man denke an die Vision des Sokrates in der *Apologie* (40e 7ff.), die freilich einen Hades voraussetzt.

46 (42d 2–e 4)

jede Verantwortung von sich weisen: Der Mensch ist wohlausgestattet; was er mit seinen Gaben anstellt, hat er selbst zu verantworten. – *verteilte er die einen ...:* auf die Planeten, zu denen auch die Sonne und der Mond zählen. – *er-*

laubte er den jüngeren Göttern: s.o., § 41. – *ich will sie einmal so nennen:* vgl. dazu o., §§ 38.40. – *soviel noch übrig war an Menschenseelenstoff:* Hieraus ist zu folgern, dass der Menschenseelenstoff nur in begrenzter Menge zur Verfügung steht; s. dazu o., § 41 a.E. Der Umgang mit ihm wird wieder mit dem Vokabular aus der Welt der Handwerker ausgedrückt. – *dass sie sich als … Führer anböten:* s.o., § 41 a.E. – *sofern es sich nicht durch eigene Schuld selbst ins Unglück stürzt:* Der Gedanke der Eigenverantwortlichkeit des Menschen wird hier noch einmal hervorgehoben.

47 (42e 5–43a 6)
blieb unwandelbar: Dies ist bei dem Schöpfergott eigentlich selbstverständlich. – *folgten der Anordnung ihres Erzeugers:* Wie die Geschöpfe der Planetengötter diesen gehorchen (s.o., § 41), so die Planetengötter dem Willen ihres Erzeugers. – *der unsterbliche Keim des sterblichen Lebewesens:* entsprechend der Erschaffung des Alls; s.o., § 21f. – *taten sie es ihrem Erzeuger … gleich:* Der Vorgang dieser Nachahmung wird im folgenden entsprechend den Vorgängen bei der Erschaffung des Alls beschrieben. – *Teilchen von Feuer, Erde, Wasser und Luft:* die vier Elemente; s.o., § 13. – *die sie wieder zurückzugeben hatten:* Hiermit wird die Frage vorbereitet, was mit dem Menschen geschehen soll, wenn er nach einem gerechten Leben (*si iuste vixerit*; s.o., § 44 a.E.) zu dem Planeten, dem er zugeordnet ist, zurückkehrt (*quos et vivos alatis et consumptos sinu recipiatis*; s.o., § 41 a.E.). Offenbar ist an eine Wiederverwendung des ›Seelenstoffes‹ gedacht. Erlischt damit das ans Ziel gelangte Individuum? – *Fesseln … die wegen ihrer Kleinheit unsichtbar sind:* Diese *vincla* (δεσμοί) en miniature entsprechen den bei der Erschaffung des Alls verwendeten; s.o., § 23. – *winzige Pflöckchen:* dem Bild *cuneolis*

inliquefactis unum efficiebant ... corpus entspricht bei *Platon* πυκνοῖς γόμφοις συντήκοντες (»mit zahlreichen Stiften verschmelzend«). – *dieser Leib, der aufnimmt und ausscheidet:* Anders als das All haben die sekundären Geschöpfe Stoffwechsel; s. o., § 18. – *in die Umschwünge der göttlichen Seele einbinden:* Abschluss der Zusammenfügung von Leib und Seele.

48 (43a 6–b 4)
wie in einen Strom eingebunden: Die Konstruktion musste sich dem Ansturm des Neuen erst anpassen: Das ganze Lebewesen geriet zunächst in eine *regellose und zufallsabhängige Bewegung.* – *jene:* die Umschwünge (*ambitus*). – *wurden bedrängt:* Die Beschreibung erinnert an die des chaotischen Zustandes der Materie vor Beginn der Erschaffung des Alls; s. o., § 9. – *sechs Richtungen:* Es werden sieben Bewegungsrichtungen unterschieden; s. o., § 19. Die kreisende ist hier ausgeschlossen. Sie kommt – außer der göttlichen Seele – nur dem All und den Planeten zu, die darüber hinaus nur noch die vorwärts gerichtete kennen; s. o., § 36. – Der Gedanke läuft auf die Einführung der Sinneswahrnehmungen (αἰσθήσεις) hinaus. Ihr Ansturm löst die beschriebenen Störungen aus. Der Text Platons wendet sich danach (43c 6) folgerichtig den Sinnesorganen zu, zunächst dem Auge.

48/49 (43b 4–46a 5)
Lücke im Cicero-Text (Platon 43b 4–46a 5), entsprechend ca. 102 Oxoniensis-Zeilen.
Man könnte die Frage stellen, ob sich die vorliegende Textlücke nicht doch zum Teil aus der Unlust Ciceros erklärt, die etwas weitschweifigen Ausführungen Platons ausführlich wiederzugeben. Dagegen spricht das abrupte Abbrechen und Wiedereinsetzen des Textes. Es handelt sich wohl eher um den Verlust des mittleren Blattes eines Quaternio.

Zur teilweisen Überbrückung der Lücke hier die Fortsetzung des Paragraphen bei Platon:

43b 5:

Groß war ja schon die Woge, die dem Leib die Nahrung brachte, wobei sie ihn überspülte und wieder abfloss; eine noch größere Erschütterung ergab sich aber für jedes einzelne dadurch, dass sie den Zusammenprall mit anderen Gegenständen erlitten,

- wenn etwa ein Leib von außen her mit einem fremden Feuer zusammenstieß
- oder einem festen Stück Erde
- oder mit der gleitenden Nässe des Wassers
- oder wenn er vom Wehen der Luftströmung erfasst wurde
- und dann durch die Einwirkung von alledem die Bewegungen durch den Leib weitergetragen wurden und auf die Seele stießen –

deshalb bezeichnete man diese auch als Wahrnehmungen (αἰσθήσεις) und nennt sie alle auch heute noch so.

43c 7:

Und indem sie schon im damaligen Augenblick die größte und stärkste Bewegung hervorriefen, brachten sie, weil sie mit dem unablässig fließenden Strom die Umläufe der Seele in Bewegung setzten und heftig erschütterten, vor allem die Bewegung des ›Selben‹ (Identischen) durch ihr Entgegenströmen gänzlich zum Stillstand und hemmten nicht nur ihre Herrschaft, sondern auch ihren Lauf.

43d 3:

Andererseits brachten sie aber auch die Bewegungen des ›Verschiedenen‹ in Unordnung, was zur Folge hatte, dass sie je drei Abstände des Zweifachen und des Dreifachen und die Zwischenglieder und Verbindungsstücke zwischen dem Anderthalb ($^3/_2$), dem Vierdrittel ($^4/_3$) und dem Neunachtel ($^9/_8$), die durchaus nur von dem aufgelöst werden konnten, der sie zusammengeknüpft hatte – dass sie also diese auf alle Arten verdrehten und alle Brüche und Beschädigungen der Kreise verursachten, die es nur geben konnte, dergestalt, dass sie in ihrem Lauf kaum noch einen Zusammenhang hatten, sondern sich ohne Vernunft bewegen,

- einmal in entgegengesetzter Richtung,
- ein anderes Mal schräg nach der Seite
- und dann wieder kopfüber;

wie wenn ein Mensch den Kopf nach unten auf die Erde stützt, die Füße aber nach aufwärts streckt und so einem anderen gegenübersteht; da er-

> scheint in dem gegenseitigen Zustand, in dem sich sowohl der Betreffende als auch der Betrachter befinden, das, was für den einen rechts ist, dem anderen links und das, was dem einen links ist, dem anderen rechts …
> (Übers. R. Rufener)

Zum Anschluss des Endes der Lücke an Cicero, § 49:
46a 2:

> Wie aber die Bilder in den Spiegeln entstehen und auf allen glänzenden und glatten Gegenständen, das ist nun nicht mehr schwierig einzusehen. Denn jedesmal, wenn infolge der gegenseitigen Verbindung der beiden Feuer, desjenigen in uns und desjenigen außerhalb von uns, die beiden auf der glatten Fläche in einem Punkt zusammentreffen und dort auf vielfache Weise verändert werden, so ergeben sich alle Erscheinungen dieser Art mit Notwendigkeit, indem sich das vom Gegenstand ausgehende Feuer, das sich um das Angesicht herum befindet, mit dem Feuer um den Sehstrahl herum auf der glänzenden und glatten Oberfläche fest verbindet.
> (Übers. R. Rufener)

49 (46a 5–c 7)
wenn e i n e r *von diesen [Feuerstrahlen] auf eine polierte, glänzende Spiegeloberfläche* (wörtl. *in der Glätte und im Glanz*) *trifft:* Nach moderner Vorstellung setzt der Sehvorgang eine Lichtquelle voraus, die ein Objekt beleuchtet. Das vom Objekt reflektierte Licht trifft das Auge und wird in ihm weiterverarbeitet. Die antike Vorstellung besteht darin, dass ein (feuriger) Sehstrahl (πῦρ) vom Auge auf das Objekt ausgeht, ein ebensolcher aber auch vom Objekt auf das Auge wirkt (*wenn das den Augen ⟨entströmende⟩ Feuer sich eng mit dem Feuer verbindet, das ⟨vom Objekt ausgehend⟩ sich gegen das Gesicht ergießt*); jede Materie enthält ja auch einen Anteil vom Element Feuer. Der Spiegeleffekt entsteht demnach dann, wenn beide Feuer sich in e i n e m Punkt der Spiegeloberfläche treffen. (ἑνὸς περὶ τὴν λειότητα ἑκάστοτε γενομένου. Diesen Teilsatz

scheint Cicero missverstanden oder undeutlich wiedergegeben zu haben.) Der antike Spiegel bestand aus Metall; die spiegelnde Fläche ›hatte Glätte und Glanz‹, d.h. sie war fein geschliffen und poliert. – *wenn die glatte Spiegelfläche nach den Rändern hin erhöht ist* (wörtl.: *von hier und von dort Höhe angenommen hat* – ἔνθεν καὶ ἔνθεν ὕψη λαβοῦσα): Das weitere betrifft also den Hohlspiegel. – Bei den genannten Spiegeleffekten steht der Spiegel parallel zum Betrachter. Wenn der Spiegel hingegen im rechten Winkel zum Betrachter steht, entstehen kopfstehende Bilder, z.B. bei der Spiegelung eines Gebäudes in einem See.

50 (46c 7–d 7)
Alle diese Erscheinungen sind von der Art, dass sie die Ursachen der Dinge unterstützen: Zusammenfassend zu den bisherigen Ausführungen über die Sinneswahrnehmung durch das Auge. – *der Schöpfergott verwirklicht die Idee des ⟨möglichst⟩ Besten:* (vgl. o., § 12 u.ö.) mit Hilfe (*ministeriis utitur*) der *causae*. – *Hilfsursachen … eigentliche Ursachen:* Die causae adiuvantes (συναίτια) spielen (auch als *proximae* bezeichnet) in den philosophischen Werken Ciceros nur in *De fato* 41 (dreimal) eine Rolle, dort ausdrücklich als stoisches Gedankengut (*inquit Chrysippus*) bezeichnet. Ihnen sind die *causae perfectae et principales* gegenübergestellt. Die *ipsae causae* (αἴτια) finden sich bei Cicero in *De divinatione* 1,127 (mit Verweis auf *De fato*), als Singular (textkritisch unsicher) in den *Libri Academici* 2,63. Platon verwendet das (merkwürdigerweise aus der Lyrik (s. Aischylos, *Agamemnon* 1116) stammende Adjektiv schon im *Politikos* 281c 4 und, in Gegenüberstellung zu αἴτιος, im *Georgias* 519b 1. Im *Timaios* 46d 1 deutet er an, dass die Wertung der beiden Begriffe zur Zeit der Abfassung des Dialogs strittig war. – *Kraft abzukühlen, zu erwärmen, zu*

verfestigen und zu verflüssigen: Die Änderungen der Aggregatszustände unterliegen – der Mehrheitsmeinung zufolge – den *ipsae causae*; sie entbehren jedoch jeder *Intelligenz und Vernunft.* (λόγον δὲ οὐδένα οὐδὲ νοῦν εἰς οὐδὲν δυνατὰ ἔχειν ἐστίν), denn *intellegentia atque ratio* eignen ausschließlich der Seele (*animus* – ψυχή). – *die Seele entzieht sich jeder Wahrnehmung durch die Augen:* s.o., § 27 (*animus ... oculorum effugit optutum*) – ein Glossem?)

51 (46d 7–e 6)
*Liebhaber von Vernunft und Weisheit (*νοῦ καὶ ἐπιστήμης ἐραστής): ein anderer Ausdruck für ›Philosoph‹. – *die ersten Ursachen in der vernünftigen und weisen Natur:* identisch mit dem ›Selben‹, der ›Natur des Selben‹ u.ä., vgl. o., §§ 21.22.25.27.29.30. – *die zweiten Ursachen in den Dingen, die andere zwangsläufig (necessario –* ἐξ ἀνάγκης*) bewegen:* mechanische Kräfte, die *ohne Einsicht* (*prudentia* – φρόνησις) nur *Unbeständiges* (*inconstantia* – τὸ τυχόν) *und Wirres* (*perturbata* – ἄτακτον) *hervorbringen*; vgl. dazu o., §§ 9.44. – *auch wir:* bei Platon ποιητέον ... καὶ ἡμῖν. – *von beiden Arten von Ursachen sprechen:* zusammenfassend und wiederholend zu §§ 50.51.

52 (46e 6–47b 2)
Von den die Augen betreffenden Hilfsursachen ... genug gesagt: Platon schreibt συμμεταίτια, meint also die Hilfsursachen (*joint-causes*). Zur Formulierung eines gliedernden Abschlusses vgl. z.B. o., § 37. – *ihr außerordentlicher Nutzen:* In der Cicero-Übersetzung nicht mehr behandelt. – *Die Augen haben uns die Kenntnis der besten Dinge vermittelt:* die Philosophie. – *Vortrag ... über das Universum:* der Lehrvortrag (λόγοι) des Timaios/Nigidius. Ciceros Über-

setzung ist auch unter dem Titel ›*Timaeus seu de universitate*‹ überliefert. Platon schreibt περὶ τοῦ παντός. – *Tage und Nächte ...:* s. dazu o., §§ 29ff. – *Anstoß zur Erforschung des Weltalls:* Aristoteles wird sich dieser Aufgabe annehmen. – *haben wir die Philosophie erhalten:* ein Lobpreis des Sehvermögens, letztlich der Philosophie. – Diesen Gedanken könnte Cicero durchaus für einen guten Abschluss gehalten haben. Jedenfalls lässt das Ende seiner Übersetzung kein Anzeichen einer Mutilation erkennen.

Mit 47b 2 endet der Cicero-Text. Bis zum Ende 92c 9 fehlen ca. 60 Oxford-Seiten. Bei Platon fährt der Text fort wie folgt:

Das nenne ich denn also die größte Wohltat, die uns die Augen erweisen; warum wollen wir aber auch all die anderen lobpreisen, die geringer sind? Um diese würde ja auch der, welcher kein Philosoph ist, falls er erblinden müsste, jammern und vergebliche Tränen weinen. Das aber soll von uns gesagt sein: die Ursache dafür, dass Gott für uns das Sehvermögen erfunden und es uns geschenkt hat, ist die, dass wir die Umläufe der Vernunft am Himmel betrachten und sie auf die Umläufe unseres eigenen Denkens übertragen können, die verwandt sind, wobei freilich jene in ihrer Ordnung unerschüttert, die unseren dagegen durcheinander gebracht sind; wenn wir dann diese genau kennengelernt und uns die Berechnung ihrer Richtigkeit, wie sie der Natur entspricht, gelungen ist, dann sollten wir die Umläufe des Gottes nachahmen, die in gar keiner Weise irregehen, und dadurch jene in uns, die in die Irre gegangen sind, berichtigen können.
(Übers. R. Rufener)

Die Übersetzung des Chalcidius endet erst mit 53c 3:
Nunc ad ordinationem genituramque eorum singillatim demonstrari convenit novo quidem et inusitato genere demonstrationis, verum vobis, qui omnes eruditionis ingenuas vias peragravistis neque incognito et ex levi admonitione perspicuo.

GLIEDERUNG DES CICERONISCHEN TIMAEUS

§§

1 Anlass des Gesprächs

3 Begriffsklärungen

Erster Ansatz:

8 Erschaffung des Weltkörpers

9 Motive der Schöpfergottheit

10 Das All, ein intelligentes Lebewesen

12 Ein All

13 Vier Elemente

Neuansatz:

21 Erschaffung der Weltseele

23 Intervalle

28 Meinungen und Zustimmungen

29 Erschaffung der Zeit, Planeten
(29/30 *Lücke*)

30 Weitere Gestirne

34 Vier Arten Lebewesen

Neuansatz:

38 Die ›jüngeren‹ Götter

40 Rede des Schöpfergottes

41 Vorrangstellung des Menschen

Neuansatz:

42 Zweite und dritte Seelenqualität

43 Seelenwanderung

47 Die alten Götter am Werk

Neuansatz:

(48/49 *Lücke:* Wahrnehmungsorgane)

49 Auge und Spiegel

51 Zwei Arten von Ursachen

52 Auge und Philosophie

LITERATURHINWEISE

Übersetzungen von Platons Timaios

F. Schleiermacher, Platons Werke, 3 Bde., Berlin 1804. – Bd. 3 1828. Nachdrucke.

H. Müller, Platons sämtliche Werke, mit Einleitungen von K. Steinhart, 8 Bde., Leipzig 1850–1866.

F. Susemihl / J. B. Metzler 1856.
Nachdruck in ›Platon / Sämtliche Werke‹, 3 Bde., hrsg. von E. Loewenthal, 6. Aufl. Köln/Olten 1969; Darmstadt 2004.

O. Kiefer, Platons Timaios/Kritias/Gesetze X ins Deutsche übertragen, Jena 1909.

O. Apelt, in Verbindung mit C. Ritter und G. Schneider, 7 Bde., Leipzig 1916–1926.

R. Rufener, in: Platon, Spätdialoge Bd. 2, Zürich 1969 (mit einer Einleitung von O. Gigon, S. XXXII–LI).

Untersuchungen zu Platons Timaios

E. Frank, Platon und die sogenannten Pythagoreer, Halle 1923, 3. Nachdr. Darmstadt 1962.

F. M. Conford, Plato's Cosmologie, London 1937.

T. B. De Graff, Timaeus 41 A, in Classical Weekly 35 (1942) 244 f.

V. Goldschmidt, La religion de Platon, Paris 1949.

J. Sprute, Der Begriff der *doxa* in der platonischen Philosophie, Göttingen 1962 (Hypomnemata 102).

R. Giomini, Platone Tim. 28e Cicerone Tim. 2.3, Rom 1963.

A. R. Sogdano, L'interpretazione ciceroniana di Tim. 41a 7–b 6 nelle citazioni testuali di S. Agostino, in: Rev. Augustin. 11 (1965) 15 ff.

G. E. L. Owen, The Place of the Timaeus in Plato' Dialogues, in: Studies in Plato's Metaphysics, ed. by R. E. Allen, London 1965.

W. Scheffel, Aspekte der platonischen Kosmologie, Leiden 1976.

Untersuchungen zu Ciceros Timaeus

C. F. Hermann, De interpretatione Timaei Platonis dialogi a Cicerone relicta, (Diss.) Göttingen 1842.

F. Hochdanz, Quaestiones criticae in Timaeum Ciceronis e Platone transscriptum, Nordhausen 1880.

C. Fries, Untersuchungen zu Ciceros Timaeus, in: Rhein. Mus. 54 (1899) 555ff.

C. Fries, Untersuchungen zu Ciceros Timaeus, in: Rhein. Mus. 55 (1900) 18ff.

C. Fries, Zu Ciceros Timaeus, in: Woch. f. Klass. Philol. 18 (1901) 246ff.

C. Fries, Zum Ciceronischen Timaeusfragment, in: Woch. f. Klass. Philol. 20 (1903) 1075ff.

A. Engelbrecht, Zu Ciceros Übersetzung aus dem platonischen Timaeus, in: Wiener Studien 34 (1912) 216ff.

P. Boyancé, Cicéron et les semailles d'âmes du Timée, in: Romanitas 3 (1961) 111ff.

A. R. Sodano, L'interpretazione ciceroniana di Tim. 41a 7–b 6 nelle citazioni testuali di S. Agostino, in: Rev. Augustin. 11 (1965) 15ff.

R. Giomini, Riserche sul testo del Timeo ciceroniano, Rom 1967, Bd. 1: Il testo del Timeo ciceroniano nei codici Paris. Lat. 6333 et Esco. V III 6; Bd. 2: Platone Tim. 28a e Cicerone Tim. 2,3.

R. Giomini, Cicerone Tim. 6,17, in: Riv. di Cult. Class. e Med. 10 (1968) 59ff.

R. Giomini, Osservazioni sul testo del Timeo ciceroniano, in: Riv. di Cult. Class. E Med. 11 (1969) 251ff.

R. Giomini, Emendamenti e precisazioni al testo del Timeo di Cicerone, in: Studi Classici in onore di Q. Cautadella, III, Catania 1972, 115ff.

M. S. Celentano, Cicerone Tim. 13, in: Riv. di Cult. Class. e Med. 13 (1972) 116ff.

D. Mannsperger, Timaios; in Kindlers Literaturlexikon s. v. 1974.

Zu Cicero als Übersetzer

C. Atzert, De Cicerone interprete Graecorum, (Diss.) Göttingen 1908.

G. Cuentet, Cicéron et Saint Jérome traducteurs, in: Rev. Ét. Lat. 11 (1933) 380ff.

J. Humbert, À propos de Cicéron traducteur de Platon, in: Mélanges de Philologie, Paris 1940, 197ff.

A. Traglia, Note su Cicerone critico e traduttore, Rom 1947.
P. Poncelet, Cicéron traducteur de Platon, Paris 1957.
T. de Villapadierna, Cicéron traductor, in: Helmatica 9 (1958) 425 ff.
D. M. Jones, Cicero as a Translator, in: Bull. Inst. Class. Univ. London 6 (1959) 22 ff.
A. Traglia, Cicerone traduttore di Platone e di Epicuro, in: Studi in onore di V. De Falso, Neapel 1971, 307 ff.

Zu Cicero als Philosoph und Kritiker

H.-J. Hartung: Kosmologische Aufklärung und sokratische Wende. Zwei Epochengrenzen und Paradigmawechsel in Ciceros literarischem Entwurf der Aneignung griechischer Theorie in Rom, in: Philologus 148 (2004) 64–87.
J. Leonhardt, Ciceros Kritik der Philosophensysteme, München (Zetemata 103); s. Gnomon 2004/8, S. 669 ff. (C. Lévy).

Zur Timaios-*Übersetzung des Chalcidius*

J. H. Waszink, Timaeus a Calcidio translatus, Leiden 1952[2].
P. Poncelet, Cicéron et Chalcidius, in: Thèse Fac. Lettres Paris 1953.
Ch. Ratkovitch, Die Timaios-Übersetzung des Chalcidius, in: Philologus 140 (1996) 139–162; s. Gnomon 1999/3.

Weltbilder

J. Teichmann, Wandel des Weltbildes, München 1996[3].

Brockhaus Riemann Musiklexikon

In vier Bänden und einem Ergänzungsband
hrsg. von Carl Dahlhaus und Hans Heinrich Eggebrecht, Mainz 1979 [u.ö.].

REGISTER

Nomina

Graeca

BILDNACHWEIS

Die Abbildungen 1, 3, 4, 5, 6 und 7 stammen aus: Owald Thomas, Astronomie. Tatsachen und Probleme, Salzburg 1942, S. 35, 64, 106, 197, 254, 276.

Die Abbildung 2 stammt aus: Erich Frank, Plato und die sogenannten Pythagoreer, Halle a. d. Saale 1923, S. 27.